2020 年教育部首批国家级职业教育教师教学创新团队课题研究项目重点课题“新时代高等职业院校汽车运用与维修（含新能源汽车）专业领域团队教师教育教学改革创新与实践”

高职教育高质量发展下教师知识提升策略研究

马晓琨　李贤彬　著

吉林大学出版社

·长春·

图书在版编目(CIP)数据

高职教育高质量发展下教师知识提升策略研究 / 马晓琨，李贤彬著.— 长春 ：吉林大学出版社，2022.6

ISBN 978-7-5768-0033-3

Ⅰ. ①高… Ⅱ. ①马… ②李… Ⅲ. ①高等职业教育—教师—教学能力—研究 Ⅳ. ① G715

中国版本图书馆 CIP 数据核字 (2022) 第 135626 号

书　　名：高职教育高质量发展下教师知识提升策略研究
GAOZHI JIAOYU GAOZHILIANG FAZHAN XIA JIAOSHI ZHISHI TISHENG CELÜE YANJIU

作　　者：马晓琨　李贤彬　著
策划编辑：邵宇彤
责任编辑：李潇潇
责任校对：陈　曦
装帧设计：优盛文化
出版发行：吉林大学出版社
社　　址：长春市人民大街4059号
邮政编码：130021
发行电话：0431-89580028/29/21
网　　址：http://www.jlup.com.cn
电子邮箱：jldxcbs@sina.com
印　　刷：定州启航印刷有限公司
成品尺寸：170mm×240mm　　16开
印　　张：12.25
字　　数：243千字
版　　次：2022年6月第1版
印　　次：2022年6月第1次
书　　号：ISBN 978-7-5768-0033-3
定　　价：78.00元

版权所有　　翻印必究

前　言

新一轮产业革命和科技革命带来了产业转型升级，国家对技术技能人才的需求逐渐增长。在这种情况下，高等职业教育教学面临着教育信息技术和外部产业升级的双重挑战。国家近两年密集出台关于高等职业教育改革的政策文件，倡导推动高等职业教育高质量发展，指导高等职业院校开展一系列教学改革；国家职业教育体系逐渐完善，高等职业院校将是培养技术技能人才的主阵地，培养对象从单一的适龄学生发展为涵盖企业员工、退役军人、新型农民等社会劳动力的多元人群，初步构建起终身学习的育训体系。教育大计，教师为本。时代在发展、产业要升级、教育在变革，面对新的教育对象、新的职业内容、新的技术环境带来的巨大挑战，高职教师应该迅速调整、更新知识，以适应产业经济发展需要，跟上教育改革的节奏，推动高职教育高质量发展。

高职教育高质量发展就是以学习者育训一体为核心，培养高水平复合型技术技能人才；以技术创新服务平台为载体，支撑国家战略和地方产业转型升级；以打造优势教育资源为关键，保障高等职业教育的特色和质量；以产教深度融合为主线，经营校企命运共同体。在高质量发展背景下，高职教师知识的提升与更新显得非常必要且紧迫。高职教师的知识储备是高职教学的基础，高职教学以职业实践情境为主要内容，以校企合作、工学结合为主要特征，以行动导向为主要教学方法，关注高职学生的职业胜任力的养成，这就需要高职教师具备跨界融合度高、实践应对性强、社会交互性突出的知识。高职教师知识由三部分组成：本体性知识、条件性知识、实践性知识。高职教师的本体性知识指与职业工作相关的理论和实践知识，尤以职业实践知识为主；高职教师的条件性知识则是以行动教学为导向，推动学生的职业行动能力养成，侧重职业沉浸体验式的教学方式、方法和资源；高职教师的实践性知识则特别强调形成高职教学实践的信念、学习者知识、教学情境知识和学科教学知识，强调高职教学实践经验的结构化、价值表现、交叉融合。

高职教师知识包含职业工作实践知识和教育教学实践知识，易受到外部环境的影响。教学环境的信息化、教育对象的多元化、职业发展的专业化与社会化、院校改革的创新化，都将对高职教师知识产生不同程度的影响。高职教育高质量发展对高职教师知识提出了新要求，高职教师知识要进行调改和创新，主要体现在以下几方面：补充与更新职业理论和实践知识；提升职业教育教学知识；累积应用研究实践经验；加强职业技术知识的生产；加强职业教学知识的生产；加强技术技能的积累与创新。从院校层面上看，可以从以下三方面实现高职教师知识的提升：一是搭建双师型教师培养培训平台，补充与提升高职教师知识；二是建构高职教师知识创新共同体，促进高职教师知识的转移；三是构建教师企业实践反哺教学体系，加强教学和企业实践知识的融合。

目 录

绪　论

一个人遇到好老师是人生的幸运，一个学校拥有好老师是学校的光荣，一个民族源源不断涌现出一批又一批好老师则是民族的希望。

——习近平

一、背景与问题

《教育部关于以就业为导向深化高等职业教育改革的若干意见》（教高〔2004〕1号）提出："要在全社会倡导并树立不同层次、不同类型学校都能办出一流教育的思想。所谓一流的教育，主要体现在先进的办学理念、先进的管理和服务、优质的办学条件和培养出高质量人才上，最根本的标准是要培养出受社会欢迎的各类高质量人才。"党的十八大以来，高职教育由规模化扩张向内涵建设转变的政策导向和趋势日益明显，特别是对高等职业教育根本体系、发展导向实施了深刻而全面的改革，更加注重发挥高等职业教育的教育本质与教学特色。因此，《国家职业教育改革实施方案》明确指出职业教育与普通教育是两种不同的教育类型，具有同等重要地位，要推进高等职业教育高质量发展，把发展高等职业教育作为优化高等教育结构和培养大国工匠、能工巧匠的重要方式，使更多城乡新增劳动力接受高等教育，用5～10年的时间完成职业教育由追求规模扩张向提高质量转变。

为满足经济高质量发展，国家亟须建设学习大国、人力资源强国和人才强国，而职业教育将为此提供坚实支撑。党的十九大提出了我国经济高质量发展的理念，其涵盖生产要素、生产力、全要素效率等各个层面的高质量，是我国在跨越“高速度增长”“大规模生产”等粗放式发展阶段后追求更高效率、更高资源利用率、更高水平经济发展的新定义，而要实现高质量发展，人是其中的关键要素。2020年《中共中央关于制定国民经济和社会发展第十四个五年规划和二〇三五年远景目标的建议》认为，高质量发展是我国未来15年经济社会发展的指导思想。

当前，世界各国高度重视技术技能人才的培养，但都面临着高水平的技术技能人才缺口。《全球人才危机的警钟已敲响》预测：到2025年，全球对受过大学以上高等教育的知识型劳动力（高知技能人才）的需求量将比供应量高出1360万人。而到2030年，供应缺口将增至3510万人，全球人才短缺可能导致8.5万亿美元的年收入损失。而从2025年起中国的人口结构会导致劳动力市场紧缩（基于哈瑞·丹特在《人口峭壁》中的预测），到2030年，高知技能人才将出现670万的缺口。受此影响，中国可能会错失1.4亿美元的产值。因此，世界各国都出台了诸多促进技术技能人才培养的政策与措施，如澳大利亚联邦政府每年将预留5000个名额供优秀的技术移民及其家人移民澳洲，世界各国对技术技能人才的争夺日趋激烈。我国在面对技术技能人才缺口时，一方面要参与全球竞争和争夺，吸引更多的高水平技术技能人才来华；另一方面要强化本土培养，瞄准国际竞争的核心要素，通过加强高职教育的高质量发展领跑人才培养的规模与结构。①

（一）以学习者育训一体为核心，培养高水平复合型技术技能人才

高等职业教育高质量发展的主要特征就是在实现“大国工匠、能工巧匠”高质量培养的同时，实现更广泛的社会劳动力的更充分就业。推动经济社会高质量发展，离不开高技能人才的支持。技能人才尤其是高技能人才短缺，已成为阻碍一些高科技领域加速发展、掣肘生产制造行业转型升级的壁垒。以高质量高职教育服务高质量发展，落脚点在于增强高职教育服务区域经济发展的能力，培养推动服务区域发展的高素质技术技能人才。高职教育应当始终瞄准区域发展需求，结合区域产业布局和发展导向，大力培养服务地区经济需求的技术技能人才。改革招生制度以进一步扩大高职教育招生规模，使城乡新增劳动力接受高等职业教育，为推动区域经济均衡发展、巩固脱贫攻坚成果提供人才

① 陈柏林、杨乃彤：《高职教育高质量发展的必然、准则与推进策略》，《职教论坛》2020年第6期。

支撑和智力保障。[①]高等职业教育高质量发展意味着更为广泛地接收学习者，这里的学习者不仅包括适龄学生，还包括新型农民、在职员工、退役军人等，兼顾学历教育和职业培训，育训一体，为产业转型升级培养高水平技术技能人才，为新增劳动力增加就业机会。

“以就业为导向，以服务为中心”是高等职业教育的两大使命和责任，也是以职业为本质特征的类型表现。培养职业胜任能力是不同阶段不同层次职业教育的直接目标。职业胜任能力的培养以专业对接产业，通过创新深化产教融合方式和路径来实现。随着产业转型升级、新动能持续涌现，技术技能人才的需求呈现复合化、创新化趋势，对高等职业教育高质量发展提出了新要求：人才培养要适配产业岗位的需求，适应国家战略的需要；教育对象要从适龄学生扩大到社会劳动力，从学历培养扩展到高技能培训。高职教育高质量发展既体现为适应产业环境、国家战略需要的高度，强调人才培养过程和结果的纵深高质量，也体现为给予多元化的学习对象更多的高等教育机会。

（二）以技术创新服务平台为载体，支撑国家战略和区域产业转型升级

高等职业教育高质量发展的另一个重要体现是服务贡献能力的高质量。新时代高等职业教育不仅要为产业发展提供人力资本支撑，还要参与产业生产，利用技术技能积累与创新的教育优势参与企业的技术研发和产品创新。科学研究是高等教育的功能之一。对于高等职业教育来说，其科学研究的功能实现体现在技术服务和创新上，属于应用性科学研究。建设职业教育强国必须充分发挥高等职业教育的服务贡献和支撑区域发展的功能。高水平高职学校是高等职业教育高质量发展的重要抓手，具有支撑发展和引领改革的先锋作用，其对接高端产业，用技术创新服务支撑区域产业和国家战略性新兴产业的发展。随着产业链向全球产业链中高端不断升级，技术和人才成为制约经济发展的两大生产要素，技术迭代升级需要大量具有胜任力和创新力的技术技能人才的支撑。高等职业教育作为职业教育的高等教育层次，其社会服务核心体现在中小微企业的技术服务与创新方面，尤其针对本区域的产业。

通过技术创新服务提升高职教育对产业经济的贡献度，是高职教育高质量发展的重要价值表现。校企共同建设技术创新服务平台，实现技术创新服务价值和育人功能，将企业技术难题、瓶颈问题、关键工艺问题等作为技术创新服

---

① 杨建新：《变革创新：引领推动新时代高职教育高质量发展的第一动力》，《江苏高教》2021 年第 1 期。

务的重点，引进和培养重点领域的技术人才，以项目引领的方式，促进科教融合、产教融合。高职教育高质量发展的价值体现在服务贡献能力的提升上，其主要服务于乡村振兴等国家战略和区域产业经济发展。高职教育高质量发展的实现在于发挥自身教育优势，培养人才、创新机制，做好服务定位，以企业问题为导向将技术创新服务落到实处。以技术创新服务平台为载体是高职教育高质量发展的重要抓手和手段，也是未来高职教育凸显社会价值的重要方面。

（三）以打造优势教育资源为关键，保障高等职业教育的特色与质量

高等职业教育的特色和质量需要优质教育资源作为保障。优势教育资源表现为高水平的师资队伍，高质量、多选择、适配好的课程体系，特色显著、适时动态调整的信息化资源和教材，教学做一体化的富有弹性和现代化的教学模式，区域共享性多功能的实训基地，等等。优势教育资源既包括理论创新，还包括实践经验，是高等职业教育长期积淀和发展的重要教育成果。优势教育资源是彰显教育地位的关键，是高等职业教育高质量发展的重要保障和资源条件，是维持高等职业教育生态系统的资源要素。

打造高等职业教育的优势教育资源要遵循产教融合、校企合作的理念，创新合作机制，将新知识、新工艺、新技术、新要素等先进产业元素融入高等职业教育中，使教育资源协同育人、服务社会。打造优质教育资源是高等职业教育保持特色和质量的必要条件，没有优质教育资源就谈不上培养高质量和高水平的人才。教育资源的优质意味着与产业需求匹配，同时符合教育规律，既能动态更新又能实现技术技能的积累与创新。

（四）以产教深度融合为主线，经营校企命运共同体

产教融合是职业教育的办学特征，高等职业教育高质量发展离不开产教深度融合、校企协同发展这条基本规律。以产教融合为主线，实现产业和教育要素的双向融通，校企双方深度参与人才培养、科学研究和社会服务，创新混合所有制、“校中厂、厂中校”等多种形式，实现校企利益双赢，形成校企命运共同体。校企命运共同体基于共同目标开展权利、义务和利益多方面深层次协同，实现共生共荣共赢的良性生态环境。高质量高职教育应当积极服务小微企业的技术研发和产品升级，这是充分保障高职教育学生就业、推动高职教育学生创新创业的重要立足点。高职教育应充分发挥专业分类细致、产教融合、多元化办学的优势，通过工学交替、育训结合等方式，引导企业深度介入人才培养，不断提升合作育人、协同育人的能力。通过开展技术转让、技术咨询、联

合技术开发等形式，深度参与企业技术改造升级。积极适应新经济结构和新产业布局，大力开展适应新业态、新经济发展趋势的创新创业教育。①

高职教育要在校企命运共同体的生态环境中完成高质量人才的培养、优质教育资源的打造、技术创新服务平台的建设，洞察产业需求，完善教育供给侧改革，实现全方位的高质量发展。以专业和产业对接为基础，选取区域龙头企业、产教融合型企业，创新长期合作的模式和机制，实现校企双方资源的互补互通和互利共赢，扎根中国大地打造一批“产业离不开，地方离不了”的中国特色高水平高职院校。

二、概念界定

（一）知识与专长

1. 知识

任何知识，包括自然科学、社会科学与人文学科知识，都是人类认识世界与人类自身发展的结果，都带有认识主体、时代与地域的印记。“知识”是一个常见的词语，每个人几乎对这个词的含义都有所了解，人们以为“知识”是一个人所共知且不需要详加定义的词语。但是，不同领域对它的认识和理解多种多样。

古代西方哲学一个传统观点认为知识是“经过验证了的真的信念”（justified true belief），这是古希腊哲学家柏拉图在《泰阿泰德篇》提出的哲学史上第一个关于知识的定义。由这个定义可知，知识由 JTB 三个条件构成，J 是可证成，T 是真的，B 是可信任的。罗素认为“知识是真的信念”这个定义过于宽泛，他认为：“我们的知识的全部素材都是由个别人生活中的心理事件构成的。”杜威认为知识大于真理，他理解的知识是“我们智慧地应用于探究中的信息和技能的集合体”。一些学者，如威尔逊和普里查德认为知识虽然出现得很早但是很难定义其概念；还有很多学者在不同领域从不同角度对“知识”这一概念进行了界定。

随着时代的发展，知识界定的视角不断发生着变化：从个体与知识的被动

① 杨建新：《变革创新：引领推动新时代高职教育高质量发展的第一动力》，《江苏高教》2021 年第 1 期。

关系到主动关系；从静态确定的知识到动态发展的知识；知识的边界从心理元素到心理结构、从认知到行动的跨越。

从上面的知识定义中可以看出，知识的主体是“个体”或者“人类”的两种表述，表达了知识与主体的二元关系，即主体或被动接受或主动创造知识。由此，知识可分为社会知识和个人知识。客观主义知识观将知识定义为“人类对客观事物的反映”等。“知识可以与构成、维护和转变知识的人的主观活动区分开来”，这种观点实际上把人看作被动的接受者，看成一个顺从外部事实的社会体现。在社会知识观中，知识定义中常出现“个体”“信念”“智力成果”“交互关系”等关键词，均表达了个体可以主动创造知识的特征，承认个体不仅仅可以被动接受知识，还可以主动创造知识，这种主动创造应建立在社会情境之中。

从知识的确定性上看，有的定义突出知识的静态确定性，有的定义强调知识的动态发展性。石中英（2002）引用《辞海》中的知识定义，认为知识是“人类认识的成果或结晶”，依反映层次的系统性，可分为经验知识和理论知识；就个人而言，知识是个人通过生活经验与教育所获认识的总体。《中国大百科全书》给出的定义如下：“知识是人类认识的成果，它是在实践的基础上产生又经过实践检验的对客观实际的反映。”《现代汉语词典》给出知识的定义如下：“知识是人们在改造世界的实践中所获得的认识和经验的总和。”朱超华将该定义补充为“知识是人们在认识和改造主客观世界的实践中所获得和积累的认识和经验的总合”。这几个定义中都提到了“认识”，知识是认识的成果，认识是个行为动词，主体是人类，客体是世界，途径是实践，结果是成果。这类定义看似简单，其实内涵丰富，但对知识的外延没有明确的界定，属于静态的定义，没有体现出知识一直在发展变化的特点。

心理学角度的知识定义突出了个体能动性的特征，即知识源自个体对事物、环境的心理反应。个人分析信息的能力和获取、分析、解释信息的科技工具将成为知识变化发展的关键推动要素。维娜·艾莉强调知识的动态发展，认为知识是“能被交流和共享的经验和信息”。“我们的知识是持续变化的记忆、背景、模式和联系的结构。它通过和我们周围的环境不断地交流而不断演化。知识更像是一个活的正在呼吸的有机生物，而不是那种你可以方便地打成包裹绑上缎带的静止的人造物品。”知识的这个定义更加强调其流动性，即可交流、共享的特征。竹内弘高和野中郁次郎在《知识创造的螺旋》一书中定义：“知识是人际间个人信念朝‘真实’的方向实现验证的动态过程。”这个定义是对西方经典知识定义的再认识，认为知识是动态的，知识的最终获取是个人不断论证和完善自己信念的过程，直至“真”，是求真的过程。该定义更强调过程、动态和验证。

从知识的构成来看，有的学者认为知识仅由单个元素组成，有的学者认为知识具有多元结构。约翰·洛克把知识分为三类：一是直接知识，人们通过直接观察事物而获得的知识，是一切知识的基础；二是论证知识，以直接知识为基础，人们根据内在的事物关系推理得到的知识；三是感觉知识，是人自身的心理活动，是通过主观体验得到的知识。上面的定义大多倾向于信念、回忆、信息等单个元素的知识构成。随着人们对知识的认识发展，知识的组成结构也从单个元素变得更加多元化。

达文波特和普鲁萨克在 *Working Know ledge* 中描述了知识的定义：“知识是结构化的经验、价值观、背景信息和专家洞察力构成的混合流动体，其为新经验和信息的混合和评估提供了一个框架。知识在知者（knower）的心智中产生和应用。组织中的知识不但隐藏在外部文件或知识库中而且隐藏在组织的日常事务、程序、实践和规范中。”知识是多元素综合构成的混合体，会不断发生变化，这些元素既包含个人内在的素质，也包含外在的信息。知识产生于个体心智，并为之所用。这提醒我们，活的知识、有用的知识只有在内在个体心智中才真正有用。这个定义比其他定义更进一步指出并非任意的经验都可以产生知识，只有经过个人内在结构化的经验、价值、信息和专家的内在能力综合作用才能产生新的知识。

布卢姆（1956）从认知过程的角度将知识理解为回忆、再认知。他认为知识包括具体的知识（术语、事实），处理具体知识的方式和手段（惯例、趋势和顺序、分类和类别、标准、方法论），普适知识与抽象知识（原则和概括、理论和结构）。后来的学者批评布卢姆“对知识进行分类时把信息提取的认知过程与被提取的知识混淆在一起”。安德森在布卢姆的研究的基础上将知识与认知过程分开，分为四种知识类型：概念性知识、事实性知识、程序性知识、元认知知识。罗伯特·J. 马扎诺认为“布卢姆将知识类型与作用于知识的各种心智操作混淆在一起的做法是布卢姆分类法的主要弱点之一”，他将知识分为三种：信息、心智程序、心理动作程序。具体来说，信息包括构想（原则、概括）和细节（时间序列、事实、词汇术语）；心智程序包括过程（宏程序）和技能（要领、算法、单一原则）；心理动作程序包括过程（复杂组合程序）和技能（简单组合程序和基础性程序）。罗伯特·J. 马扎诺理解的知识具有信息、行动和程序多元结构。

从知识的表征来看，知识是可言表的也是不可言表的。从语义角度来看，汉代许慎原著、汤可敬撰的《说文解字今释》将“知识”解释为“从口从矢”。“矢”指“弓弩用的箭”，“口”指“人用来说话的器官”。“知”是指“用口陈述，则心意可识”。“知识”的“识”，繁体写作“識”，从言从戠。言，直接讲说为言，戠亦声，言之声。“戠”字从音从戈，从心底产生、受口腔控制的叫音。“识”有两义，一义为旗帜，另一义为知道。从字义上理解，“知识”就是用口陈述心中所知；从字面上理解，知识是个体的，产生于人的头脑中，并能通过语言描述出来。知识具有外显的特点。米歇尔·福柯非常同意这种观点，他认为知识是某种语言按其规则构成的，排除了非语言形式知识的存在。

有些学者（如野中郁次郎）认为还有一种知识看不见、摸不着，很难被表述出来，如专家洞察力、态度、价值观等。这种高度个人化、难以显性形式表达的知识被称为隐性知识。由于难以被显性表达，隐性知识在主体间交流和转移成为一件不容易的事。主观直觉和预感是隐性知识的代名词，深深地扎根在个人的行动、切身经验和价值观或情感之中。虽然隐性知识不能言表，但可以通过其他形式表现出来，如行动或情感表达。知识的表征形式是多样化的，可以用言语表达，可以用文字表达，还可以用行动表达。现代科技下的知识表征更为多样化，可以是一本书、一段文字、一个视频、一段录音。在现代科技的帮助下，隐性知识也可以被显性化。

总之，不同领域对知识的理解各有不同，哲学认为知识为验证为真的信念；心理学认为知识是人与环境交互的认知结果；社会学认为知识是客观世界的能动反映；信息学认为知识是信息。虽然人们对知识的认知因所在领域不同而不同，但是对知识的理解均趋向从静态确定到动态不确定，从单一构成到多元结构，从被动接受到主动创造。因此，知识是具有多元结构的不断发展的人类主动创造的产物。

鉴于此，本研究借鉴了皮亚杰对知识的理解，认为知识是主体与环境交互作用的心智成果，表现为信息、经验、技能、价值观、洞察力等，通过物化贮存于书本中或其他人造物中，此外也有很多隐性成分贮存在个体、组织之中。主体可以是一个人、一部分人组成的组织、人类总体，也可以是具有智能的机器（人工智能在当今技术条件下已然能够在纷杂的信息中发现、提取知识）；环境是指主体之外的一切，主要指客观现实，即人的生活条件和社会条件；交互作用是指交流互动，即信息、思想、情感、感知、行为等输入、输出，交互作用可以是身体的也可以是头脑的，这里的交互作用是指主体和环境的相互影响，个体影响环境，反过来被影响的环境也会影响主体，同时两者的反应变化影响主体的发展；心智成果是指人类全部精神活动而产生的结果，包括情感、意志、感觉、知觉、表象、学习、记忆、思维、直觉等活动的结果。

2. 专长

专长是指个人所具有的隐性知识，包括方法、技能、知识能力、优点等。专长已经突破知识的静态概念，和学习与工作环境的复杂性、动态性融为一体。关于专长的内涵，知识说、能力说和多因素说是三个具有代表性的观点。知识说认为专长是内嵌于专家行为的内隐的、结构化的知识；能力说认为专长是专业人员的一种高效且创新的解决问题的能力；多因素说认为单一、线性的理解专长是有缺陷的，专长不仅包括知识、技能，还包括智力、经验、绩效，甚至包括自我意识、信念、精神等，意味着需要动态、学科间、网状的理解。Herling（1998）指出，知识、实践经验以及解决问题的能力是专家专长的基本构成要素。R. J. 斯滕伯格通过分析“专家”与“新手”的差异，发现问题解决的效率、专业知识、洞察力是专家教师共同具备的特征，并基于此提出了专长原型观。

本研究采用知识说的观点，认为专长是内隐于某领域专家行为中的、动态形成的结构化的实践性知识，具有高度的情境性、直觉性、缄默性、自动性，体现了个体知识的应用价值和结构功能，是个体知识的高级别的专家形态。

（二）教师知识

人们对“教师知识”的理解各种各样：有人认为教师知识是教师的应然知识，有人认为教师知识是教师所具有的知识，还有人认为教师知识是关于教师的知识和关于教学的知识。对“教师知识”理解混乱，主要是对教师和知识之间关系的理解差异，以及对知识构成的理解差异引起的。

通过参考各种有关“教师知识”文献资料发现，教师知识可分为两种，一种是“输入的教师知识”，另一种是“输出的教师知识”。“输入的教师知识”是指教师具备的或应该具备的各种知识，可分为教师实然知识和教师应然知识；“输出的教师知识”是指教师教学所传授的知识，实际指的是教学知识。“输入的教师知识”中的教师实然知识影响教师的教学知识，输出的教学知识则会反馈影响输入的教师知识，如图 0-1 所示。

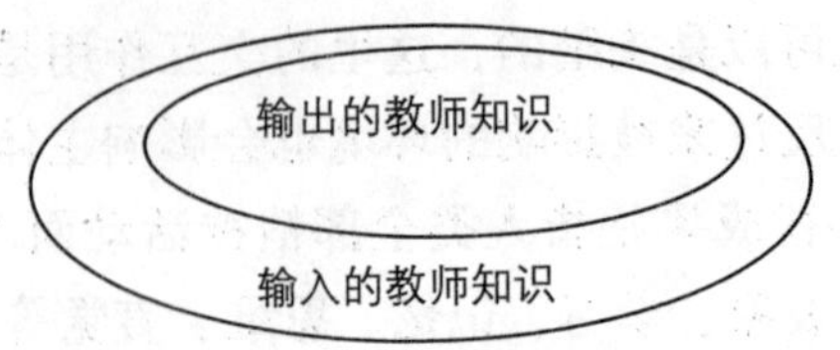

图 0–1　教师知识的理解分类

20 世纪 80 年代以来，世界各国教师教育研究越来越关注“教师知识”这一热门话题，且取得了许多举世瞩目的研究成果。教师知识的定义还未形成共识，学界对两种教师知识探讨得最多：学科取向的内容知识和实践取向的默会知识。范良火认为教师知识就是“教师（作为教师时）所知道的东西”。它包含“信念”“记忆”“理解”。他认为教师知识大致分为“知道某事”“知道什么”“知道怎样”，认为教师知识停留在认知层面，不包括价值、态度、行动层面的技能等。但是，有的学者认为教师知识应该具有包含认知、情感、行动在内的多元结构。例如，出生于英国的洛克钟情于绅士教育，他认为绅士应该是具有科学知识和技艺技能的全方位发展的德才兼备的人。教师也应该是绅士，具有强大的情商和德行，保持礼节和礼貌，应该具备让学生乐于听他“吩咐”的技巧。Ken Brain 通过 15 年的研究跟踪调查了近 100 名高等学院卓越教师，发现卓越教师对“教什么”非常清晰，对自己领域的内容相当了解。最重要的是，他们能够利用所知的知识和技术掌握基本的规则和组织概念，帮助学生建构自己的理解和能力。

从教师与知识之间的关系来看，持有被动接受这种知识观的学者，往往将教师的身份定位为知识的载体、被动接受者、知识传递者，忽视了教师的主动性、创造性。傅道春在《教师的成长与发展》中指出“教师知识是指教师具备的科学文化知识及其掌握的程度，包括科学文化知识、专业学科知识、教育和心理学知识、教育情境知识”。在这个定义中，知识与教师显然是被动接受的关系，教师被认为仅仅是知识传递者而非知识创造者，否定了教师的主动性和智慧。

李涉（2008）认为“教师知识”就是指“教师自身作为教师所需要知道的与教育、教学有关的，但不仅仅是关于教育、教学的认识”。这里的“教师知识”既包括教师应然知识（教师应该具备的知识），又包括教师实然知识（教师实际具备的知识）。虽然这个定义承认教师不只是知识的被动接受主体，但没有明确教师对知识的主动创造关系，内容上既包括应该具备又包括实际具备的知识，对教师知识的认知较为混乱，不够清晰。

本研究从教师教育的角度界定教师知识，认为教师知识是教师胜任教学所必须和应该具备的知识，是有效教学的基础和教师职业胜任力的源泉。

（三）高等职业教育教师知识

1. 高等职业教育

高等职业教育包括学校教育和社会培训，学校教育涉及专科层次和本科层次。中华人民共和国教育部（以下简称“教育部”）发布的《职业教育专业目录（2021 年）》确定了高等职业教育专科专业 744 个，高等职业教育本科专业 247 个。2014 年，《国务院关于加快发展现代职业教育的决定》提出要“探索发展本科层次职业教育”，首次在国家规范性文件中提及本科层次职业教育。我国从 2019 年开始分批启动本科层次职业教育试点改革，截至 2021 年 1 月已分批建设了 27 所本科层次职业教育学校，包括 5 所公办院校，22 所民办院校。其中，南京工业职业技术大学直接升格为本科层次职业教育学校，山西工程科技职业大学、河北科技工程职业技术大学、河北工业职业技术大学、河北石油职业技术大学是由独立学院合并转设而来。

高等职业教育是一种以服务为宗旨、以就业为导向的高等教育类型。何为职业？中国古代认为“职”为执掌的事情，“业”是古代记事的方法，“职业”是指分内的工作。从词源学角度来看，职业（vocation）源自 13 世纪拉丁语的“vocationem”，后来演变为“vocation”，有献身、呼唤的意思，后来经过几个世纪的演变，具有了“一个人的职业或专业”的含义。社会学认为，职业是一种社会位置，是一个人进入社会生产过程之后获得的。经济学认为，职业是某种具体社会分工的工作，劳动者通过技术在社会生产中获得货币回报。高等职业教育人才培养目标是培养高素质高层次的技术技能人才，其培养过程与社会、经济、政治、文化环境高度相关。作为优化高等教育结构和培养大国工匠、能工巧匠的重要方式，高等职业教育支撑着区域经济发展、产业转型升级、终身学习服务等社会经济发展的战略使命，高等职业教育改革发展紧密关联社会经济发展变化。

本研究中“高等职业教育”主要指专科和本科层次的职业学校开展的教育和培训，不包括社会机构的培训。

2. 高等职业教育教师

高等职业教育对教师实践能力的要求较高，各国职业教育师资构成普遍复杂，有全职、兼职和临时（小时付费）教师（Tyler and Dymock，2017；

Wheelahan and Moodie，2010；Erica Smith and Keiko Yasukawa，2017）。我国高职院校的师资队伍也由专兼职教师组成，大量的企业技术专业人员兼任专业课程。

本研究所指“高等职业教育教师”（以下简称“高职教师”）特指高等职业院校（含高职本科）专任教师，分为基础课程教师、专业基础课教师、核心专业课程教师。专任教师是指高等职业院校在编的、具有教师专业技术职务的，承担理论和实践教学任务的教师，企业兼职教师不在本研究范围内。

3. 高等职业教育教师知识

学术界对高职教师“双师型”特色和职业教育教学中的“做中学”的理念具有高度一致性，因此“双师型”知识是高等职业教育教师知识的特色，体现了“知行合一”的本质特征。吴全全、姜大源等学者认为高职教师既要拥有教育相关理论和实践知识，还要拥有所教授的社会职业相关理论和实践知识。

本研究认为高等职业教育教师知识（以下简称“高职教师知识”）指的是高等职业学校教育的专任教师为了胜任理论和实践教学所应该具备的知识。高职教师知识的进化概念解析图如图 0–2 所示。

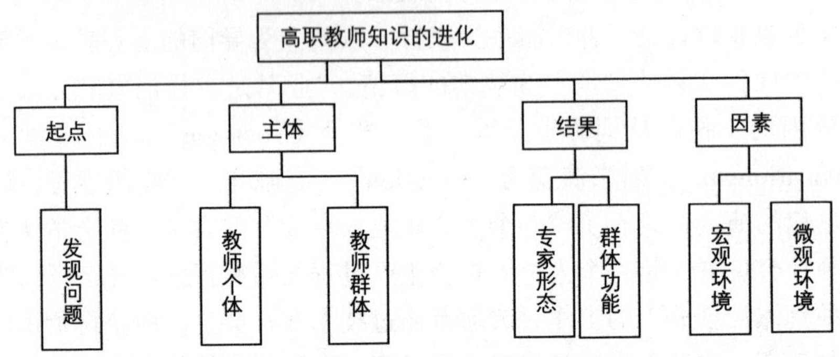

图 0–2　高职教师知识的进化概念解析图

三、文献综述

在中国知网、万方、维普、硕博学位论文数据库中利用“高职教师知识”关键词进行中文检索，截至 2021 年 3 月，以高职教师知识为主题的期刊论文 20 157 篇，其中学位论文 2186 篇，博士论文 46 篇，CSSCI 中文社科引文索引 102 篇。从时间维度上看，期刊文献发表的数量自 2006 年起呈上升趋势，但增长速度并不快。重点文献的主题相关图示如图 0–3 所示。

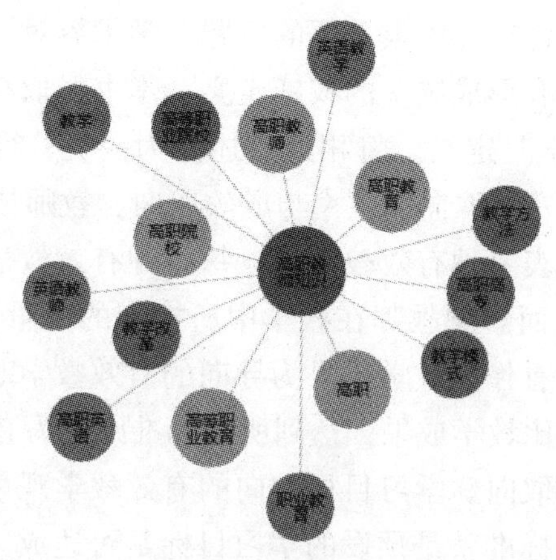

图 0–3 重点文献的主题相关图示

（一）高职教师知识与有效教学的关系研究

广泛而丰富的教师知识是有效教学的基础，教师知道哪些内容以及怎样将这些内容表达出来对学生的学习至关重要，舒尔曼是这种观点的主要代表人物。舒尔曼、格罗斯曼、莱因哈特、徐碧美等学者认为，有效教学与教师所掌握的学科知识紧密相关。格罗斯曼及其团队通过观察英语教师的课堂教学发现，学科知识贫乏的教师只会按照教科书固有的知识结构组织教学内容，对学科知识表征为一系列死气沉沉的静态的事实，甚至在教学过程对自己不熟悉或欠缺的内容常常采取回避的态度；学科知识丰富的教师能够根据学生的实际组织安排教学内容，采用多样化的表征方式，帮助学生建立概念间的联系。舒尔曼第一次提出学科教学知识（PCK）这一概念，其是指教师为了让学生有效理解学科知识而在教学中使用的知识，如使用类比、图示、演示和解释等多种表征方法展示教学内容。学科教学知识被视为将学科知识以学生易理解的方式加工、转化、传授给学生的知识，是学生知识、学科知识和一般教学法知识的融合。莱因哈特和她的同事观察对比专家教师和新手教师的课堂教学发现：专家教师的课堂教学目标明确、结构紧凑、概念解释清晰连贯；新手教师则因缺乏学科知识和完整的课堂“图式”，课堂结构零碎、概念间孤立、前后缺乏紧密的联系，导致课堂教学有效性较差。以上学者将教师知识视为学科教学必备的知识，并通过系统研究证明了有效教学与教师知识之间的联系。

1. 关于有效教学的研究

有效教学是教育研究中很重要的主题，学术界对“有效教学”的定义和理解纷繁复杂，还没有形成统一的权威定义。本书择取核心期刊的相关研究，列出 21 种“有效教学”定义。将相近描述归为一类，得到几种不同取向，即学习目标取向、学生发展取向、效率与成效取向、教师技能取向。

每一种取向代表一种有效教学观，每一种有效教学观决定着教师在教学中所追求的目标，从而影响教师在教学中所控制的变量和行为。学习目标取向、学生发展取向可以看作以教学成果为导向的有效教学观，持有这种观点的教师将会按某种标准对比教学成果，达到所持标准则视为有效。

（1）学习目标取向。学习目标取向的有效教学观最为简单明确，其评价教学是否有效的唯一标准就是预设的学习目标是否达成。持这种有效教学的教师追求的是学生总体的学业水平。不适应教学、学业不良、纪律差的小部分学生不是课堂教学的主要关注对象，只要不影响整体教学效果，教师就不会在他们身上投入太多精力。学习目标取向的有效教学观评价有效教学的标准是多维的，因此教学目标的维度也是多元的，但衡量每位学生的标准仍然具有公共性和单一性。

（2）学生发展取向。学生发展取向的有效教学观以学生发展为唯一标准，但这种教学观很宽泛，并未对学生发展进行具体界定，也并未说明学生应如何发展，因此教师很难将这种有效教学观落实到教学实境中，没有操作性的教学观的价值会大打折扣。

（3）效率与成效取向。效率与成效取向的有效教学观专注于课堂效率和宏观成效两个层次。课堂效率取向注重微观课堂中的投入产出，即课堂效率；宏观成效取向注重宏观层面的效果、实用价值的效用、经济价值的效益。在该教学观的影响下，教师则可能更像经济人那样衡量教学投入是否值得，其结果可能会被“效率”的尺子所蒙蔽，扭曲教师本该有的“奉献”的价值观。在这样的教学价值观的驱使下，育人未必有效。

（4）教师技能取向。教师技能取向则偏重有效教学的具体操作。这种有效教学观试图为有效教学画出一幅可操控的图景，站在教师的角度解析有效教学，有针对性地指导具体的教学技术。然而，教学是具有高度情境化和复杂性的活动，这些具体的教学技术指导未必适用于所有的教学情境。

2. 高等职业教育的有效教学

无论是专科层次还是本科层次，教学都是高等职业教育最重要、最基本的功能。教师知识是有效教学的基础，因此高职教师拥有充足的知识储备和良好的知识结构是高职有效教学的必要条件。杨德广和焦贺丽从教的方面认为："高职院校教育教学的有效性应放在学校目标定位有效性、育人的有效性、教学内容的有效性、教学方法的有效性上。"[①]张振和张静提出高职有效教学应该符合时代背景，针对"中国制造 2025"背景下对技术技能人才的需求提出高职教学应该具备交互性、动态性、体验性的教学理念。[②]

（二）高等职业教育教师的知识构成研究

虽然国内的职业教育没有特别针对高等职业教育教师知识的研究，但可以从国外对职业教育师资任职资格的规定中汲取养分。澳大利亚规定职业教育教师须具备专业理论知识、专业实践技能、教育理论知识、教育实践技能。[③]职业培训更多强调培训师资的专业能力，职业教育则除了要求职业院校教师的专业能力之外，更加强调其综合能力，包括人文层面的、方法层面的能力。[④]德国选聘高职专职教师时，不仅要求应聘者拥有大学学历和较强的科研能力，还要考察其与企业界的联系能力，同时要有 5 年以上的工作经历，至少在相应专业岗位上工作 3 年，有 2 年以上的教学或培训经历；原则上要有博士学位；具有教育学、心理学及教学法等专业知识；有运用现代化教学媒体和方法的能力。[⑤]美国社区学院教师要具有研究生学历，还需要有一定的教学、工作经验。[⑥]通过胜任标准分析，高职教师的应然知识包含两种必要的知识要素：一是教育专业理论和实践知识，二是职业专业理论和实践知识。

怀特海认为技术教育不仅在于"养成一种工作理想的态度，还要使受教育者掌握运用知识原理创造物质产品的艺术，这种艺术的关键在于不断地发现理论的通用性，并将它与某一种实际应用的特殊性进行对照，在特殊中显现一般"[⑦]。由此可知，职业技术教育应该是具有更深层次意义的工作，除了培养学生的职业素质和职业道德，激发学生对职业工作的创造热情和应用知识的热情

① 杨德广、焦贺丽：《高职院校教育教学有效性研究 》，《教育发展研究》2009 年第 21 期。

② 张振、张静：《"中国制造 2025"呼唤高职转变教学理念》，《中国教育报》 2007 年 6 月 13 日第 11 版。

③ 姜大源：《当代世界职业教育发展趋势研究》，电子工业出版社，2012，第 32 页。

④ 同上书，第 200 页。

⑤ 陈祝林、徐朔、王建初：《职教师资培养的国际比较》，同济大学出版社，2004，第 132 页。

⑥ 同上书，第 144 页。

⑦ A. N. 怀特海：《教育与科学理性的功能》，黄铭译，大象出版社，2010，第 220 页。

亦是职业技术教育的重点。怀特海对技术教育培养的人才规格进行了描述，他认为技术教育要“培养喜欢自己工作的工人、科学家和雇主”[①]，同时培养具有主动创新精神的人。他指出“教育必须超越对他人的思想观念的被动接受，主动创新的力量必须得以加强”[②]，还要在技术课程中培养学生的审美能力，“最直接的审美训练自然落在了那些技术课程之中，其是一种艺术或艺术行业的必要条件”[③]。怀特海还指出“在所有的教育中，失败的主要原因在于内容陈旧、缺乏新意”[④]。“我了解教学，它是非常吃力的工作，只有通过持续的投入才有可能取得成功。”[⑤]这些理念在现代职业教育理念中仍然那么鲜活、适用。由此可知，职业技术教育教师应该具备足够的知识以培养学生成为热爱工作、热爱生活的职业人，培养其主动创新的能力与审美能力，而且要不断更新知识，具有持续的投入精神。Graham Attwell（1997）认为一名职业教育教师应该具备的能力如下：对工作生活和社会变化的理解能力，职业学科事务专长和在不同情境下的职业知识应用能力，教学专长和在不同教学和课程策略下的计划和评估应用教学专长的能力，在变化的工作生活和社会中，对职业学科知识和新的教学和课程策略的自我反思和研究的能力。[⑥]芬兰学者将职业教育中的特殊教育教师的专业知识分为四个层次，分别为最基本的要求、个人层次、教育机构层次、社会层次。最基本的要求是教师要具备基于情境的情绪感知和强大的道德约束；个人层次要求教师具备以学生为导向的教学方法、关爱和保护，通过工作提高学生个体的能力；教育机构层次要求教师可以作为专家成为学生幸福服务的一部分，能使新学习环境生效；社会层次要求教师是社会的成员，承担社会责任和一些服务项目。[⑦]

我国学者对高职教师知识构成的研究较少，而且研究成果多发表在普通期

---

① 同上书，第 20-21 页。

② 同上书，第 23 页。

③ 同上书，第 25 页。

④ 同上书，第 30-31 页。

⑤ 同上书，第 35 页。

⑥ Graham Attwell, “New Roles for Vocational Education and Training Teachers and Trainers in Europe: A New Framework for Their Education,” *Journal of European Industrial Training* 31，no.5（1997）：256-265.

⑦ Maija Hirvonen, “From Vocational Training to Open Learning Environments: Vocational Special Needs Education During Change,” *Journal of Research in Special educational Needs* 11，no.2（2011）：141-148.

刊上，下面将对其进行讨论。职业教育领域学者吴全全、姜大源将理论与实践教师知识的构成拓展到职业教育教师知识中，形成了“双师型”跨界智能模型。他们认为职业教师知识由四个方面构成，分别为专业理论、职业教育理论、专业理论的职业实践、职业教育理论的教育实践。①学者姜大源、吴全全提出了职业教育教师“双师型”的知识结构，认为“双师型”是职业教育教师与普通教育教师的主要区别。②“双师型”智能结构跨界模型具体包括以下内容：基于职业的专业理论——职业专业理论知识结构与重构的能力；基于职业的专业理论的职业实践——与专业相关的职业领域的职业技能；基于职业的教育理论——职业教育理论知识迁移与处置能力；基于职业的教育理论的教育实践——与专业相关的职业领域的教学技能。③从这个智能结构模型可以看出，“跨界”是职业教育教师知识的独特性，既要有职业理论知识又要有职业实践知识；既懂专业又懂教育。但是，该智能结构模型没有指出高职教师与中职教师的区别，对教师知识的划分也不够细致。王雍钧、徐娜、马振峰、刘楚认为高职教师知识由本体性知识、条件性知识和实践性知识组成。在他们的研究中，知识结构包含的具体知识不同。丁金昌认为高职教师应侧重知识的应用和输出，并胜任“三能”：能胜任理论教学；能指导学生实训；能与企业合作开展应用研究。④知识、教师知识、高职教师知识研究汇总如表 0-1 所示。

表 0-1　知识、教师知识、高职教师知识研究汇总表

序　号	知识分类	教师知识分类	常见的高职教师知识分类
1	显性知识 隐性知识	陈向明： 教育理论知识 教育实践知识	专业理论 职业教育理论 专业理论的职业实践 职业教育理论的教育实践⑤⑥

① 姜大源：《当代世界职业教育发展趋势研究》，电子工业出版社，2012，第 34 页。

② 吴全全：《职业教育双师型教师基本问题研究：基于跨界视域的诠释》，清华大学出版社，2011，第 9 页。

③ 同上书，第 101 页。

④ 丁金昌：《高职院校“三能”师资队伍建设的思考与实践》，《中国高教研究》2012 年第 7 期。

⑤ 丁金昌：《高职院校“三能”师资队伍建设的思考与实践》，《中国高教研究》2012 年第 7 期。

⑥ 吴全全：《职业教育双师型教师基本问题研究：基于跨界视域的诠释》，清华大学出版社，2011，第 101 页。

续 表

序 号	知识分类	教师知识分类	常见的高职教师知识分类
2	Know-what Know-how Know-why	申继亮、林崇德、辛涛： 本体性知识 条件性知识 实践性知识 文化性知识	本体性知识（学科内容知识、专业学科理解与认识、相关职业背景知识） 条件性知识（职业教育教学知识、职业课程知识、关于学生及其特性的知识） 实践性知识（职业教育情境知识、职业教育技术能力、操作实践与指导能力） 文化性知识（自然科学和人文知识、个人职业修养与行为、沟通与合作能力）①
		舒尔曼的七要素： 学科内容知识 一般教学知识 课程知识 学科教学知识 关于学习者及其学习的知识 教育背景知识 关于教育结果、目的、价值的知识	本体性知识（高职教师的学科专业知识，理论知识和实践知识的结合） 条件性知识（教学法知识、教育技术知识和心理学知识） 实践性知识（教育信念、自我知识、情境知识、策略性知识）②

对高职教师知识构成的已有研究存在一些欠缺：一是没有对职业教师与高职教师进行区分研究；二是研究思路具有一定的局限性，倾向于一维知识构成；三是对知识构成的问题研究多，对建构知识的研究少；四是没有突出高职教师知识特色和差异性；五是研究没有形成影响力，研究的连续性差，深度也不够。

（三）高职教师教学知识的职业特性与受影响环境研究

关于高职教师所教知识，徐国庆在《职业教育课程论》一书中有较为系统的论述。他认为高职教师教授的课程知识应是与职业相关的知识。费雷将职业知识分为工匠技能、技术格言、描述性定律和技术理论知识四类，他认为职业知识是经过提炼和总结之后的技术知识形态。高职教师需要做到的是将默会知识提炼成外在的可表达的易于传播和传承保存的知识形态，并教授技术实践知识和基本理论知识。普瑟尔提出教师应该教授技术过程知识、必要的工具和设备的使用、工作相关的环境及其因素、社会价值观等。罗杰斯通过研究，认为

① 刘楚：《雷达图在高职教师知识结构模型建构中的应用》，《职教通讯》2015 年第 22 期。

② 马振峰：《新时期高职教师知识结构的构建》，《高教论坛》2014 年第 3 期。

情感和态度方面的内容应该置于职教课程的首位。徐国庆认为高职教师教学知识易受到外界因素的影响，主要的影响因素有技术发展水平、职业教育理念、职业教育模式、生产组织模式等。

总之，高职教师所教内容受多种因素影响，不仅取决于教师具备的知识，还受到职业教育理念、经济社会对人才的需求变化以及职业教育教学模式的影响。高职教师所教的内容是动态的、变化的、发展的，高职教师应在持续学习中发展自己的知识。

（四）高职教师知识发展的路径

培训或交流是影响教师知识发展的外部机制，实践生成是影响高职教师知识发展的内部机制。这两条路径符合发展理论，外部培训路径反映了高职教师与职业知识环境的交互关系，实践生成路径则体现了高职教师与高职教育环境的交互关系。

1. 外部培训：外部资源引导高职教师知识的进化

从国际职业教育的师资外部培训经验来看，外部培训是促进高职教师知识发展的主要途径和方式。德国高职教师通过“接受培训、学术进修或职业实践”和院校组织的校本培训发展教师知识。美国社区大学的教师知识发展渠道包括职前的教师证培训和认证培训、在职培训、参加教学研讨会或课程进修，以及一些具有院校特色的其他方式，如一些学院鼓励教师到企业里实践，去获取新的知识、技术并更新技能。有的自己建立教与学的团体或组织，以相互帮助、共同提高教学能力；有的实施人力资源轮训，在暑假时接受函授培训。

我国高职教师的来源复杂多元，主要来源之一是研究型大学相应学科专业毕业生，还有一部分来自企业技术岗位的外聘教师。这两个来源的教师的教学知识不能满足高职教学的需求，因为学科专业毕业生和企业技术岗位的外聘教师普遍缺乏教学知识、职业教学知识等教育专业知识，学科专业毕业生不仅缺乏将学校中学到的学术知识转变为职业知识的能力，还缺少职业实践经验，教授实用型技能型人才比较吃力。要解决这些问题就需要对教师进行专门的培训。因此，教育部非常重视职业教师的培训，出台了相关的高职教师培训政策。《教育部关于深化职业教育教学改革全面提高人才培养质量的若干意见》（教职成〔2015〕6号）强调要“落实五年一周期的教师全员培训制度，实行新任教师先实践、后上岗和教师定期实践制度”。《高等职业教育创新发展行动计划（2015—2018年）》提出“学历教育 + 企业实训”的培养方式；要求专业教师每5年企业实践时间累计不少于6个月。为深入贯彻习近平关于教育的重要论述和全国职业教育大会精神，落实《中共中央 国务院关于全面深化新时代教师队伍建设改革的意见》《国家职业教育改革实施方案》《中华人民共和国国民经济和社会发展第十四个五年规划和2035年远景目标纲要》，加强职业院校高素质“双师型”教师队伍建设，促进职业教育高质量发展，教育部、财政部决定联合实施职业院校教师素质提高计划（2021—2025年），以习近平新时代中国特色社会主义思想为指导，贯彻党的十九大和十九届二中、三中、四中、五中全会精神，牢固树立新发展理念，落实立德树人根本任务，深化产教融合、校企合作，突出“双师型”教师个体成长和“双师型”教学团队建设相结合，兼顾公共基础课程教师队伍建设，着力提升教师思想政治素质和师德素养，提高教师教育教学能力，努力造就一支师德高尚、技艺精湛、专兼结合、充满活力的高素质“双师型”教师队伍，推动职业教育高质量发展。

2. 实践生成：高职教师知识随着教师的工作情境而发展

与高职教师的知识发展密切相关的莫过于高职教师的工作情境。对于高职教师来说，其职业在教学、社会服务、科学研究中获得发展。教学、社会服务、科学研究在高职教师不同成长阶段中的表现内容和能力要求有所不同。德国职业教育专家劳耐尔研究了职业人从新手到专家的各个成长阶段，对于高职教师这个职业同样适用。高职教师将经历新手、进步的初学者、内行的行动者、熟练的专业人员、专家五个成长阶段。影响新手、进步的初学者知识发展的主要因素是教学环境，他们在教学实践中不断反思，将学科知识转化为学科教学知识，将学术知识转化为职业工作过程知识。随着高职教师在教学环境中的职业精进，其将通过参与社会服务、科学研究反思自身知识的不足，不断开展学习，从而达到知识发展的目的。这个阶段高职教师以拓宽知识面为主，从无到有建构职业实践需要的知识。从内行的行动者到熟练的专业人员的阶段，是高职教师发展知识深度和追求知识细节的阶段。此时的高职教师在教学、社会服务、科学研究上都具备了一定实践基础，需要解决的是如何更好地发展职业知识，在教学、社会服务、科学研究中注重细节，体现专业性和知识价值。从熟练的专业人员到专家的阶段，是高职教师形成特色知识、发展专长的阶段。这一阶段教师的专业知识更具适应性、灵活性，其对社会服务、科学研究中的问题把握得更深刻独特，形成了专家洞察力，其知识价值更为突出，更能体现社会性。

（五）借鉴与不足

高职教师知识具有跨界融合特征，与经济社会外部环境联系紧密，需要适应变革动态更新，但已有研究对高职教师知识因变革引起的质变研究不够深入，学理性差。在现有的高职教师的知识研究中发现了一个很有意思的现象，即对“高职教师实际具备了什么知识”几乎没有什么研究，而对“高职教师实际欠缺了什么知识”做了大量的调查实证研究。已有文献对高职教师的知识做了大量的调查实证研究，很多学者对高职教师的知识表示了担忧，采用了“滞后”“不足”“无法传承”等字眼描述高职教师知识现状。分析已有研究得到一个结论，即高职教师知识需要发展，但高职教师知识发展出现很大现实困境，高职教师群体中实然知识和应然知识之间存在巨大差距。然而，已有的研究对破解高职教师知识发展的机制研究不够深入，大多集中在外部的培训建议，针对高职教师个体的研究不够，并且这些研究中采用的理论基础较差。

已有知识的进化研究中，关于某类知识主体的知识进化研究较少，基于高职教师知识的进化研究则更少。在知识进化的研究中，基于进化理论的研究较多，基于发展理论的研究较少。这种研究中有两类知识进化研究。一类是关注公共知识的进化，如波普尔的知识进化——四段图式机制。波普尔所指的客观知识是一种非私人知识，是人类所共有的知识。另一类是组织知识的发展和进化研究，如野中郁次郎的知识创造的螺旋 SCEI 机制。从现有的几种知识进化来看，对个体知识进化的研究较少。对于高职教师这个群体来讲，无论对个体还是对群体知识进化的研究都较少。

四、研究内容框架与方法

（一）内容与框架

本研究解决的主要问题如下：高职教师知识如何在环境变革中适应改进，实现进化？高职教师知识的专家形态是怎样的？高职教师知识的现状如何？影响进化的因素有哪些？如何实现进化？以问题为导向，以解决问题为目的，研究内容分为六章。

第一章分析了高职教育高质量发展对教师队伍的要求。第二章描述了教师知识的分类与构成。第三章在专长哲学视域下分析了高职教师知识的专家形态，指出教学专长和技术技能专长是高职教师知识的两种专家形态，并构建了高职教师知识动态成长结构。第四章通过问卷调查、访谈、课堂观察等研究方法，对高职教师知识专家形态、知识状况进行了调查研究，发现高职教师缺乏专长的发展能动性。通过分析高职教师个体专长的形成，探究了高职教师知识进化的影响因素，再次证明个体能动性和环境都会影响专长的形成。第五章对个体专长和群体知识的进化机理进行了分析阐述，个体专长以发现问题为起点，群体知识随着个体专长的形成而协同进化。第六章针对高职教师专业发展能动性和外部学校环境的两大影响因素，提出了关于高职教师知识进化的方案策略，最终回应了“高职教师知识如何进化”这一核心问题。

本研究按照“提出问题—理论框架—现状考察—因素分析—机理研究—策略探讨”的研究思路，围绕“高职教师知识如何在环境中适应改进”这一研究问题开展，如图 0–4 所示。

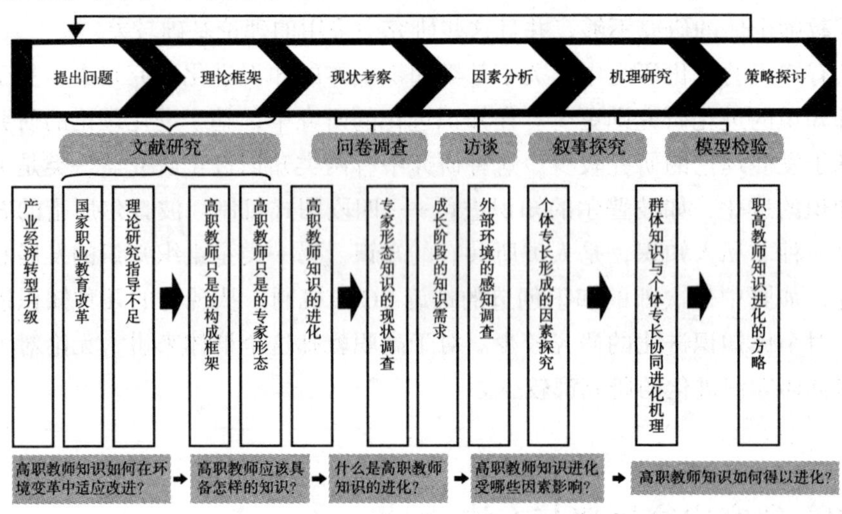

图 0–4　研究框架图示

（二）方法与工具

本研究通过量化与质化分析相结合，形成研究方法体系，依照具体的研究问题选择恰当的研究方法。主要研究方法如下。

1. 文献研究法

本研究在提出问题、界定核心概念、选择理论框架时运用了文献研究法，文献研究方法贯穿整个研究过程。从前人的研究中汲取养料，将问题和概念界定清晰，理论框架、研究方法的选取科学恰当。

2. 问卷调查法

问卷调查法一方面应用在高职教师对知识环境的感知研究中，通过开放式问卷的调查，获取高等职业教育教师对外部环境的感知，以判断高职教师主体对外部环境的感知是否存在差异；另一方面应在高职教师专家形态知识的现状调查中，了解高等职业教育教师对专家形态知识的具备情况，以及相关的影响因素。

3. 深度访谈法

选取高职教育改革中典型院校的典型专业的教师代表，开展课堂观察和一对一深度访谈，挖掘在解决专业实践问题和教学问题的过程中，高职教师所采用的思维方式和运用的知识，从新手与专家横向对比的角度，分析从新手成长为专家需要哪些知识。采用 NVivo11.0 软件工具处理访谈数据，进行深度访谈转录编码，挖掘教师知识的深层次内容。

4. 叙事探究法

叙事探究法是通过观察教师生活和教育，分析教师的显性知识和隐性知识如何在教与学中展现的方法。由故事叙述现象，对现象进行探究，展示教师知识。探究教师的工作环境如何影响个人实践知识的发展以及这种知识如何影响教师对环境的反应。采用叙事探究法，探究已经形成专家形态知识的高职教师的成长过程，发现其在知识发展、专长形成过程中的故事，探究影响知识进化的因素。

五、价值与创新

（一）理论价值

知识是教师从事专业的安身立命之本。高等职业教育的战略地位和社会贡献度越来越凸显，高等职业教育教师知识的发展已成为影响高职教育高质量发展的重要因素。关于高职教师知识的已有研究大多来自高职教育实践一线的教师和管理者，他们重视实践中的经验，缺乏相关的理论知识。本研究丰富了高等职业教育教师知识发展领域的理论。

（二）实践价值

教师的专业知识是一个复杂的动态系统，教师很难拥有所有的专业知识，因此需要不断从外界汲取能量。高职教师的专业知识极易受外部环境的影响。近些年科技迅猛发展，技术更新速度加快，高职教师在专业知识上出现了“不足”“落后”等诸多问题。因此，应将高职教师从繁杂的职业生活中拉回到自身的知识发展中，秉承“最基础的就是最重要的”这一理念，从知识的提升和传承发展方面着眼高职教师的专业发展，同时为高职教师在职教育和培训提供意见与途径参考，帮助高职教师适应外部环境的变化和自身成长的需求。

（三）重点和难点

1. 高职教师的知识构成

从类型教育的角度出发，探究高职教师知识的应然构成是本研究的重点内容。高等职业教育的知识体系有别于传统的学科知识体系，是以经验知识为主的行动体系。高职教师知识具有理论和实践双重性。剖析高职教师知识构成，有助于研究高职教师知识的进化过程，对高职教师培养和培训至关重要。

高职教育的实践性特征，决定了高职教师知识复杂多元且综合，具备大量职业实践经验等隐性知识成分。针对隐性知识的研究方法不完备给高职教师知识的研究带来了很大困难。

2. 高职教师知识的进化机理

对高职教师知识的进化机理的探究是本研究的重点和难点。比如，高职教师个体知识与群体知识如何实现进步性变化，受什么因素影响，采取怎样的机制完成知识的进化等。探究高职教师知识进化的机理有利于促进高等职业教育知识的适应性改进。

（四）拟创新之处

1. 概念的迁移

用“进化”概念表达教师个体知识向应用形态的转型和群体知识的整体性提升，以适应和支撑高等职业教育高质量发展的外部诉求。芒特勃罗说过:“伟大的发现都是概念从一个领域转移到另一个领域引起的差错结出的成果。”

2. 动态的研究视角

本研究以生态学视角审视高职教师知识与教育环境变革的关系，构建高职教师知识进化的分析框架；以专长哲学视角揭示高职教师知识以实践理解为基础、与职业实践环境不断动态交互发展的专长本质，并提出高职教师知识进化的生态哲学分析框架；分析高职教师的主动性和能动性，揭示教育环境变化对高职教师知识的影响，有利于高职教师高水平师资的培养和培训工作的开展。

3. 研究方法丰富

本研究采用量性和质性研究方法建构研究方法体系，综合运用问卷调查法、深度访谈法探究高职教师知识进化的现状和各成长阶段的知识需求，运用叙事探究法剖析高职教师教学专长形成经历所受知识环境的影响。

第一章　高职教育高质量发展对教师队伍的要求

自1980年我国建立职业大学开始，我国高职教育已经走过了40多个年头，当前也逐渐跨过了规模扩张的发展阶段，进入内涵提升和高质量发展的历史新阶段。产业经济的高质量发展对高素质、高层次技术技能人才的需求推动着高职教育高质量发展。在新发展理念的引领下，加快高职教育现代化建设是提升职业教育适应性和吸引力的必然要求。

高职教育高质量发展离不开高水平的师资队伍。随着高职教育的蓬勃发展，师资队伍数量不断增长、结构不断优化。据教育部教育统计数据和全国教育事业发展统计公报显示，2015—2019年，全国高职院校由1341所增至1423所，4年间增加了82所；高职院校教职工数量由63.9万人增加到69.9万人，增幅达9.4%；专任教师数量由45.5万人增加到51.4万人，增幅达13%；高职称专任教师数量由18.1万人增加到20.2万人，增幅达11.6%；拥有博士学位的专任教师数量由7502名增加到9876名，增幅达31.6%。截至2019年年底，已有851所高职院校“双师”素质专任教师占比超过50%。目前，高职师资队伍建设虽然取得了一些成绩，但依然存在数量、结构和水平不能满足高职教育高质量发展的需求的问题，因此迫切需要开展相关的研究——高职教育高质量发展需要什么样的教师队伍。

一、高职教育高质量发展的趋势

在政策层面，国家高度重视职业教育，近年来发布了一系列文件，建构现代职业教育体系，促进高职教育高质量发展已成为趋势；在实践层面，各地积极落实高水平高职院校和专业建设，积极建设本科层次职业教育，多措并举，积极响应高职教育高质量发展，取得了一定进展，但也面临多重限制；在理论研究层面，高职教育高质量发展、提质培优建设、职业本科的研究探索已成为学界研究热点。

（一）相关政策的演化历史

2004 年，教育部发布《关于以就业为导向 深化高等职业教育改革的若干意见》，指出高等职业教育呈现出前所未有的发展势头，是我国高等教育体系的重要组成部分，也是我国职业教育体系的重要组成部分；同时明确了高等职业院校以服务为宗旨，以就业为导向，产学研结合的办学方向。该文件提出“要在全社会倡导并树立不同层次、不同类型学校都能办出一流教育的思想”，明确一流的教育最根本的标准就是要培养出受社会欢迎的各类高质量人才。

2014 年 6 月，《国务院关于加快发展现代职业教育的决定》提出“探索发展本科层次职业教育”。2019 年 2 月，《国家职业教育改革实施方案》提出开展本科层次职业教育试点。2019 年 6 月，教育部正式批准了首批 15 所民办高职院校升格为本科层次职业学校，截至 2021 年 8 月 1 日，获教育部正式批准的本科层次职业学校达28所，其中民办院校22所，公办院校6所。2021年1月，教育部印发《本科层次职业教育专业设置管理办法（试行）》，再次推动职业本科教育工作向前迈出实质性的一大步。2021 年 4 月，习近平在全国职业教育大会上作出“稳步发展职业本科教育”的重要指示。

2015 年，教育部出台《高等职业教育创新发展行动计划（2015—2018 年）》，提出“强化地方政府统筹发展职业教育的责任，落实高等职业院校办学自主权，探索本科层次职业教育实现形式”，将探索发展本科层次职业教育的主动权交给地方。同时，在继续保持“推动部分地方普通本科高校转型发展，引导一批独立学院发展成为应用技术类型高校，重点举办本科层次职业教育”的政策稳定前提下，创新性地提出“探索发展本科层次职业教育专业”，为高水平专科层次职业院校开展本科层次技术技能人才培养开创了新的发展空间。

《国家中长期教育改革和发展规划纲要（2010—2020 年）》明确指出，发展职业教育是推动经济发展、促进就业、改善民生、解决“三农”问题的重要途径。

2019 年，国务院《国家职业教育改革实施方案》（以下简称《实施方案》）明确指出，职业教育与普通教育是两种不同的教育类型，具有同等重要地位，

要推进高等职业教育高质量发展，把发展高等职业教育作为优化高等教育结构和培养大国工匠、能工巧匠的重要方式，使城乡新增劳动力更多接受高等教育。2021 年 3 月，《中华人民共和国国民经济和社会发展第十四个五年规划和 2035 年远景目标纲要》更明确提出了“建设高质量教育体系”“增强职业技术教育适应性”等重点要求。

2021 年中共中央办公厅 国务院办公厅印发《关于推动现代职业教育高质量发展的意见》，指出“职业教育是国民教育体系和人力资源开发的重要组成部分，肩负着培养多样化人才、传承技术技能、促进就业创业的重要职责。在全面建设社会主义现代化国家新征程中，职业教育前途广阔、大有可为”。高等职业教育是职业教育的重要组成部分，要持续推进高职教育高质量发展，“推进高等职业教育提质培优，实施好‘双高计划’，集中力量建设一批高水平高等职业学校和专业。稳步发展职业本科教育，高标准建设职业本科学校和专业，保持职业教育办学方向不变、培养模式不变、特色发展不变”。到 2025 年，职业教育吸引力和培养质量显著提高，办学格局更加优化，职业本科教育招生规模不低于高等职业教育招生规模的 10%。

（二）高职教育高质量发展的必然性

职业教育不仅是国民教育体系的重要组成部分，也是塑造我国区域发展新格局的关键一环，对建设现代化经济体系、推动区域优势互补、解决区域人才供需矛盾具有不可或缺的重要作用。党的十九大报告指出，“我国经济已由高速增长阶段转向高质量发展阶段”。从高速度转向高质量，是新时代中国经济发展的鲜明特征。

2020 年 10 月，党的十九届五中全会提出，“十四五”时期经济社会发展要以推动高质量发展为主题，这是根据我国发展阶段、发展环境、发展条件变化作出的科学判断。2021 年，恰逢“两个一百年”奋斗目标历史交汇之时，国家接连强调“高质量发展”，意义重大。李克强在 2021 年国务院政府工作报告中强调，推动高质量发展，为全面建设社会主义现代化国家开好局起好步。2021 年 3 月 30 日，中共中央政治局召开会议，审议《关于新时代推动中部地区高质量发展的指导意见》。2021 年 9 月 14 日，国务院关于推进资源型地区高质量发展“十四五”实施方案的批复（国函〔2021〕93 号）。原则同意国家发展改革委、财政部、自然资源部关于《推进资源型地区高质量发展“十四五”实施方案》。我国正处于重要战略机遇期，以习近平新时代中国特色社会主义思想为指导，坚持质量第一、效益优先，推动质量变革、效率变革、动力变革，有条不紊地推进高质量发展，使发展成果更好惠及全体人民，不断实现人民对美好生活的向往。

实现高质量发展，人才是关键。高质量发展的根本在于经济的活力、创新力和竞争力，而经济发展的活力、创新力和竞争力的关键在于人才支撑。2021年9月27日至28日，中央人才工作会议在北京召开，习近平出席会议并发表重要讲话，强调要坚持党管人才，坚持面向世界科技前沿、面向经济主战场、面向国家重大需求、面向人民生命健康，深入实施新时代人才强国战略，全方位培养、引进、用好人才，加快建设世界重要人才中心和创新高地，为2035年基本实现社会主义现代化提供人才支撑，为2050年全面建成社会主义现代化强国打好人才基础。我国是世界第一制造大国，制造业是立国之本、强国之基，培养高素质高质量的技术技能人才关系着制造业转型升级，关系着经济高质量发展，尤为重要。

一是符合高端产业发展需要的高技能人才严重短缺。2018年，我国技能劳动力占从业人员的比重为22%，高技能人才占从业人员的比重为6%。二是教育人才供给与产业需求结构性矛盾突出。

推动经济社会高质量发展，离不开高技能人才的支持。技能人才尤其是高技能人才短缺，已成为阻碍一些高科技领域加速发展、掣肘生产制造行业转型升级的壁垒。

习近平在十九大报告中指出，要贯彻新发展理念，建设现代化经济体系，着力加快建设实体经济、科技创新、现代金融、人力资源协同发展的产业体系。“十四五”期间，我国将进入新旧动能转换的关键时期，产业低端化、规模化增长将很快转向高效益增长、高质量发展，新技术产业在产业结构中的比重不断提高，对高层次技术技能人才需求日益迫切。

在新一轮全球科技革命和产业革命的洪流之中，信息化、大数据、互联网、人工智能等新的科技与制造业的融合越来越紧密，装备“智造”、产品“智造”、生产流程“智造”将逐渐成为常态，尤其是在我国推动实施“中国制造2025”和“互联网+工业”的大背景下，中国制造向中国创造、中国速度向中国质量、中国产品向中国品牌的转变不断加速，这对支撑这一变革的技术技能人才提出了更新、更高的要求，对于高职教育办学过程中人才培养的定位、目标、模式、师资队伍、课程体系、产教融合等都提出了更苛刻的要求。

当前，世界各国高度重视对技术技能人才的培养，发达国家走过的道路告诉我们，人才兴、国运兴。美国早在二战结束时就意识到人才的重要性，不断改进和提高国民教育质量，提高全体美国人的素质。早在20世纪70年代，美国受高等教育人口比重居世界首位。德国之所以成为世界制造强国，其根本原因在于德国高度重视职业教育，双元制职业教育成为支撑德国高质量技术技能人才的关键，也是二战后德国经济迅速发展的“秘密武器”。日本能从战后的废墟中崛起，也得益于重视职业教育、加强人力资源开发。瑞典、新加坡、瑞士、奥地利等国家注重培养人才的就业技能和技术技能，注重人才培养的终生学习和实践学习。

20世纪60年代末70年代初，各国开始尝试发展本科层次职业教育，并给毕业生授予技术学士学位。应用科技大学、多科性技术学院、社区学院、TAFE学院、技术科学大学等在各国相继成立。

当前，实施本科层次职业教育的院校一般有以下三种类型：一是由民办高职直接升格为本科院校，试点本科层次职业教育；二是由原三本层次的独立学院和新建地方本科院校转型为应用型高校，转型培养高层次技术技能人才；三是由政府教育行政部门牵头实施，高职院校与普通本科高校联合举办四年制本科层次“职教本科合作实验班”，以发挥高职院校和普通本科院校各自的优势试点培养本科层次职教人才。

（三）高职教育高质量发展的特征

本科职业教育的改革需要一支高水平的“双师型”教师队伍，教师是学校发展的人才保障和智力支撑。优秀的本科职业教育教师不但是教育教学专家，而且是行业有影响力的产业技术专家，产教融合跨行业锻炼是本科职业教育教师成长的必经之路，每位教师均可抓住改革机遇合理设计适合自己的职业成长路径。

一是以高质量高职教育服务高质量发展，落脚点在于增强高职教育服务区域经济发展的能力，培养服务区域发展的高素质技术技能人才。高职教育应当始终瞄准区域发展需求，结合区域产业布局和发展导向，大力培养服务地区经济需求的技术技能人才。通过改革招生制度，进一步扩大高职教育招生规模，使更多城乡新增劳动力接受高等职业教育，为推动实现区域经济均衡发展、巩固脱贫攻坚成果提供人才支撑和智力保障。

二是高质量高职教育应当积极服务小微企业的技术研发和产品升级，这是充分保障高职教育学生就业、推动高职教育学生创新创业的重要立足点。充分发挥高职教育专业分类细致、产教融合、多元化办学的优势，通过工学交替、育训结合等方式，引导企业深度介入人才培养，不断提升合作育人、协同育人的能力。通过技术转让、技术咨询、联合技术开发等形式，深度参与企业技术改造升级。积极适应新经济结构和新产业布局，大力开展适应新业态、新经济发展趋势的创新创业教育。

三是坚持终身职业教育理念，加强社区教育和终身学习服务。终身职业教育是持续提升劳动者素质、增强劳动者就业竞争力、实现人的全面发展的根本途径。高职院校在积极开展素质提升类教育的同时，应当积极发挥技术技能教育考评特长，广泛开展形式多样、学制灵活的技术技能教学，在开展个人能力提升和专业技能提升教育、传承地方非物质文化遗产等方面发挥更大的作用，真正成为开展社区教育的聚合点、实现终身学习的加油站。

四是在人才培养体系上，要加快构建产教融合、校企合作、工学结合、德技并修、全面发展的培养体系，大力推进“1 + X”证书试点工作，积极开展学历加职业技能证书的培养模式。在具体培养方式上，要主动推进校企合作育人与教学模式改革相融合，充分依托信息化手段，通过灵活多样的课程设置、教学模式，深化学校教学与岗位实践、理论学习与技能提升的全面对接，切实提升高职教育学生的技术技能水平，充实他们的核心竞争力。

二、高职教育高质量发展对教学产生的影响

（一）教学环境信息化

没有信息化就谈不上现代化。网络信息时代的今天，信息技术已应用于各个领域，教育教学环境越来越信息化、智能化，教育信息化是教育现代化的基础。国家对教育信息化非常重视，先后出台了《教育信息化十年发展规划（2011—2020 年）》《教育信息化“十三五”规划》《教育信息化 2.0 行动计划》（教技〔2018〕6 号）等文件，彰显和突出了信息技术对教育的革命性影响。《教育信息化十年发展规划（2011—2020 年）》提出“现代信息技术与教育深度融合”。《教育信息化 2.0 行动计划》提出：“到 2022 年基本实现‘三全两高一大’的发展目标，即教学应用覆盖全体教师、学习应用覆盖全体适龄学生、数字校园建设覆盖全体学校，信息化应用水平和师生信息素养普遍提高，建成‘互联网 + 教育’大平台，推动从教育专用资源向教育大资源转变、从提升师生信息技术应用能力向全面提升其信息素养转变、从融合应用向创新发展转变，努力构建‘互联网 +’条件下的人才培养新模式、发展基于互联网的教育服务新模

式、探索信息时代教育治理新模式。”在这样的教育信息化规划下，高职院校信息化教学环境不断改善，信息技术和智能技术深度融入教育教学全过程，各种精品在线开放课程不断涌现，教学资源建设持续增温，高职教师知识的信息化程度在信息化改革推动下不断提升。高职教师不仅要在教学中具备使用信息技术的能力，还要能开发信息化教学资源，引导学生使用海量的信息化资源，加强教学方法、模式的创新，向课堂要效率，翻转课堂，转变身份和方式，通过课程、教材、教法推动课堂革命。

信息化时代改变着教育教学的内容和方式。教学是一个高度复杂和动态变化的过程，具有情境变化的多元性和显著的不确定性特征。教育的通常目的是增加知识，减少愚蠢、不确定和无知。在一个充满可轻易获得的信息、廉价的信息与通信技术、充足的知识型劳动力的世界里，增加基本知识将变得更加容易。更加开放的态度和心态决定着知识的发展速度和质量。教育应该教会我们形成对于看起来确定的事物的质疑和批判态度。教育应该教会我们知识的有限性，哪些知识我们不具备但是需要获得，以及我们提出问题的能力，即要问对的问题。因此，获取知识变得很简单，懂得提出正确的问题变得更重要。

随着信息技术在各个领域的普及和应用，职业发展越复杂，所需的知识越综合。马丁·卡诺努瓦和卡斯特尔斯描述了信息时代工作所需的知识：“信息时代工作的鲜明特点是知识的集中性，尤其需要‘便携式’的综合性知识，而不是某项工作或某家公司的专门知识。”对于知识社会来讲，高等职业教育教学对霍默·狄克逊所说的“独创性鸿沟”——独创性的迅速增长的需求和供给的不足之间的落差缺乏充分认识，进而存有所教内容单一性与主体需求复杂性的张力。

信息技术基础设施不断升级，智慧校园、教育大数据等应用技术与教育教学不断深化融合，各种网络教育资源犹如雨后春笋般的，教师在信息时代的教学角色和教学环境发生了颠覆性变化。从原来的以教师为中心的讲授转向以学生为中心的翻转课堂，教师的作用从知识的传授者转变为学习的指导者。突如其来的新冠肺炎疫情加速了整个教育的信息化进程，使教师不得不采用线上平台、资源和教育信息技术，变革教学方式和方法，倒逼教师知识在信息技术方面的重塑和补充。

（二）教学对象多元化

职业教育是人人成才的教育。雷通群曾表述了职业教育与社会的关系：“现代的社会，既欲人人均不失学，同时亦欲人人均不失职，欲令人人在社会均不失职，唯在学校施行社会化的职业教育始能之。”作为高等教育的职教类型，高等职业教育具有教育与职业的跨界性，是帮助广大学习者实现社会化的教育，服务贡献于国家战略实施、产业经济发展和社会就业等。从学习者来看，随着扩招百万的实施和终身学习社会的建设，高等职业教育的学习者越来越多元复杂，除了适龄学习者之外，还有农民工、在职员工、退役军人等新增社会劳动力，他们的个体知识差异悬殊，这为高等职业教育带来了新的挑战。高等职业教育服务于社会经济发展，通过知识培养支撑社会发展的社会职业人。高等职业教育的独特价值体现在将学习者培养成职业胜任者，能解决实际工作中的常规任务以及突发问题。

随着职业教育在社会经济发展中承担越来越重要的作用，其教育对象从单一的适龄学生变为包含农民工、在职员工、退役军人等社会劳动力在内的广泛学习者，这些多元复杂的学习个体对职业专长的需求也日趋多样。因此，外部需求的多样化驱使职业教育实践专长的供给复合化，由此职业教育知识供给走向个性化和碎片化，要求职业教育课程模块化和复合化。《教育部关于职业院校专业人才培养方案制订与实施工作的指导意见》（教职成〔2019〕13 号）指出：“对退役军人、下岗职工、农民工和新型职业农民等群体单独编班，在标准不降的前提下，单独编制专业人才培养方案，实行弹性学习时间和多元教学模式。”

职业教育趋向学习终身化。目前，我国大约有 3 亿进城务工人员，其中仅约有 1/3 受过专业的技能培训，大专及以上学历者不足 1/10。应促进职业教育向前拓展、向后延伸，强化针对新兴职业和岗位的职业技能培训力度，完善终身教育的公共服务体系，优化普惠性技术技能培训供给，大力发展农村地区职业教育，为更多人提供平等发展的空间和机遇。政府应提供更多的职业培训公共服务，帮助中低技能劳动力提升技能，适应劳动力市场的动态变化。

（三）专业发展社会化

教育政策是高职教育发展的重要影响因素。随着十九大确立现代化职业教育体系的建设任务和《国家职业教育改革实施方案》的颁布实施，产教融合成为职业教育改革的主线，职业教育政策越来越呈现社会化趋势。这里的社会化是指教育政策将高等职业教育与社会产业经济联结更加密切，强调多元社会主体参与，校企共育，校企人员互兼互聘，高职教师的视野和工作边界从校园扩大到企业，呈现社会化趋势。教育政策作为一种社会制度，通过约定的社会模式将个体社会化。“学历证书 + 若干职业技能等级证书”即“1 + X”证书制度、教师企业实践制度、“双师型”教师队伍建设机制等都属于高等职业教育政策社会化的典型例子。“1 + X”证书制度将成为职业教育的基本制度，高职师资也应要求成为“1 + X”的拥有者和实践者，体会和满足企业对人才的需求。教育部等四部门印发的《深化新时代职业教育“双师型”教师队伍建设改革实施方案》要求教师定期到企业实践，要求“推进职业院校、应用型本科高校专业课教师每年至少累计 1 个月以多种形式参与企业实践或实训基地实训”。完善补充高职教师队伍的社会成分，鼓励教师走进企业开展技术服务。《深化新时代职业教育“双师型”教师队伍建设改革实施方案》提出：“鼓励校企共建教师发展中心，在教师和员工培训、课程开发、实践教学、技术成果转化等方面开展深度合作，推动教师立足行业企业，开展科学研究，服务企业技术升级和产品研发。”这些变革将推动高职教师社会化，对其知识的开放性和更新周期提出了更高要求。

国家政策对高职教师的准入、专业发展和教师教育方面都有明确的要求，已形成了专业化发展体系。《深化新时代职业教育“双师型”教师队伍建设改革实施方案》提出建设高等职业教育公共课、专业课、实践课等各种课程的教师专业标准体系；研制高等职业学校、应用型本科高校的教师专业标准；推进新教师准入制度改革，提出对新教师实行 1 年教育见习与为期 3 年的企业实践制度；加强高职教师教育，实施职业技术示范类专业认证，支持高水平工科大学举办职业技术示范教育，加强职业教育学科教学论师资队伍建设，构建本、硕、博专业学位体系建设，健全完善高职教育师资培养培训体系，推进“双师型”教师培养培训基地，在教师培养培训、团队建设、科研教研、资源开发等方面提供支撑和服务。新教师入职和高职教师教育的改革，将对高职教师新手阶段的知识带来很大的影响，有利于新手教师尽快立稳高职教育的讲台。

我国职业教育的课程改革经历了从学科本位到能力本位再到工作过程本位的转换。课程学术性与职业性融合的嬗变带来了教学方式的改革。学术课程教师与职业课程教师的相互协作则是学术性与职业性融合课程建设与实施的重要保证。

（四）教学目标高端化

人才培养的针对性强调大学所培养的人才要适应社会经济发展需要，从认知、情感与态度、动作与技能等方面完善其知识储备、价值观与社会责任、行动力，使他们形成提出问题、分析问题和解决问题的基本素质。现代职业形态与要求变化迅速，《中华人民共和国职业分类大典（2015 年版）》较 1999 年版相比“新增 347 个职业，取消 894 个职业，总共减少 547 个职业”。而职业分类是专业人才培养标准和课程规范的基础，这就决定职业教育课程体系需要以现代职业能力发展为逻辑依据进行动态建设。工作世界对个体职业能力的综合化需求为职业教育的内涵建设提出了高要求。为了适应经济社会发展的需要，创新人才培养模式主要从受教育者的知识结构、个性养成与实践能力三个层面着手，对学生进行开放式培养，注重与行业、职业的贯通式培养。

2019 年 1 月，国务院印发《国家职业教育改革实施方案》，分析了产业经济转型升级对职业岗位的综合能力和复杂技能的需求，表示将培养复合型技术技能人才；并且明确建构高层次职业人才的贯通体系，要求“开展本科层次职业教育试点”，培养创新型技术技能人才。截至 2020 年 12 月，教育部已经批准设置了 27 所本科层次职业学校。这 27 所本科层次职业学校的诞生，标志着本科层次职业教育作为一种新的本科教育类型正式出现。

2014 年以来，国家将职业教育摆在经济发展的重要战略位置，大力推动职业教育改革发展。高等职业院校改革经过示范校到优质校再到双高校的演变，完成了由数量增长向质量内涵建设再向高质量发展的升华，为实现高质量、高水平，院校改革不仅仅停留在日常的教学和管理方面，更加注重从无到有、从零到一的创新化变革。教师是支撑职教改革的关键力量，既受到职教改革的影响，又推动着改革创新的进程。在“双高计划”的建设任务中，教师、教法、教材“三教改革”是重要的组成部分，也是以高职教师为主体执行的改革任务。实施每一项改革任务，都需要高职教师在原有知识的基础上开拓创新，实现改革目标。

据人力资源和社会保障部统计，2017—2019 年，中国高级工程师、高级技能人才、高级技师岗位空缺与求职人数的比率均大于 1.5，2019 年第三季度高级工程师的岗位空缺与求职人数之比为 3.81 ∶ 1。具有高度灵活性、创造力及强大的解决问题和人际关系技能的高技能工人，将继续受益于人工智能技术。

在这个高度智能化的时代，新技术、新产品、新需求、新业态的出现，要求职业教育建立面向人工智能的新型互动机制。教育形态从特定人群在特定时间、特定地点接受特定内容的传统学校教育，向任意群体在任意时间、任意地点接受任意内容的泛在教育拓展；教学方式从以黑板和粉笔为主要工具的传统线下教育，向基于互联网、物联网、人工智能的无缝式、适应性线上线下融合教育转变；教育内容从以知识传授为中心的分科性专业教学，向以核心素养为主导的综合性、问题性教学转变；教学评价从班级授课制下的统一化、标准性评估，向依靠数据驱动的伴随式、综合性评估转变。总之，职业教育将真正成

为面向人人、人机结合、更加公平、更高质量的终身教育。

生产制造从“刚性生产”逐渐转向“柔性生产”，新的制造技术已不局限于某一领域内部，而是更多地出现在不同领域的交叉地带；产业工人不再是只需要掌握某种技能的“螺丝钉”，而是必须更加富有创新精神、具备综合职业能力。职业教育的类型属性决定了其跨学科研究应以开发和应用研究为着力点，面向生产实践第一线，解决企业生产经营中的实际问题。

三、高职教育高质量发展对师资队伍的要求

高等职业教育高质量发展离不开外部环境的高质量要求和教育内在发展的必然规律。依照《国家职业教育改革实施方案》和《教育部　财政部关于实施中国特色高水平高职学校和专业建设计划的意见》要求，构建高等职业教育高质量发展的生态系统（图 1–1）。

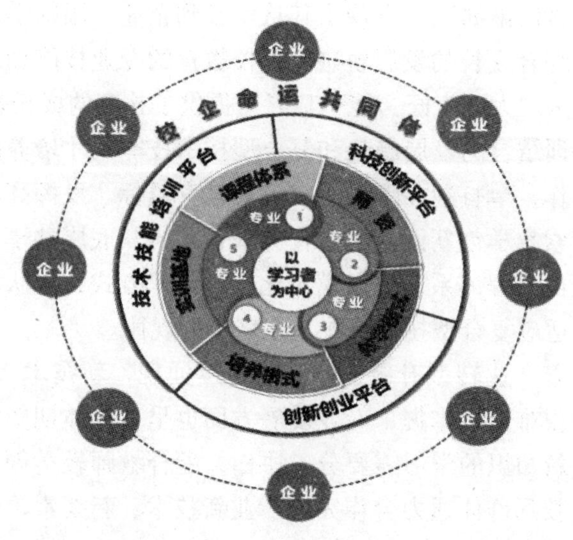

图 1–1　高水平高职院校人才培养生态系统

在这个生态系统中，以包含新增社会劳动力在内的学习者为中心，以高水平专业群为支撑，以高质量课程、高水平师资、共享型基地、创新型模式等教育资源为优势，以技术技能服务与创新平台为载体，构建以校企命运共同体为

机制的整体框架，实现高质量技术技能人才的培养和高水平区域服务贡献能力的提高。高职教育高质量发展显现生态系统的内在规律性，对高等职业院校教师群体提出了新要求。

（一）成为工匠之师：培养高水平复合型技术技能人才

高等职业教育高质量发展要求教师群体成为工匠之师，培养“大国工匠、能工巧匠”，培养高质量复合型技术技能人才，同时通过育训结合，实现更广泛的社会劳动力的更充分就业。高等职业教育高质量发展意味着接收更为广泛的学习者，不仅仅包括适龄学生，还包括新型农民、在职员工、退役军人等，兼顾学历教育和职业培训，育训一体，为产业转型升级培养高水平技术技能人才，为新增劳动力增加就业机会。2019 年，国务院明确高职扩招百万，高职教育在保障高质量培养的前提下扩大社会生源，机遇和挑战并存。

首先，“大国工匠、能工巧匠”的培养需要高职教师群体扎实的实践技能和专业有效的教学水平，“大国工匠、能工巧匠”需要企业技术能手和具有技术技能专长的学校专任教师共同培养。曾茂林、曾丽颖通过对 46 个“大国工匠”的成长轨迹归纳研究，发现了其从学校到企业、跟师学艺、大赛培养、自我提升等跨界综合成长的发展轨迹。学校教育的专业技能训练和工匠精神的养成为学生成长为“大国工匠、能工巧匠”提供了扎实的成长基础。

其次，育训结合的发展趋势和复合型技术技能人才培养的目标要求高职教师群体协同合作，单打独斗无法有效完成教育目标。发挥高职教师各自的知识技能专长，探索教学创新团队的合作方式，建构“底层共享、中层融合、上层可选”的专业群课程体系，开展模块化教学组织方式，团队协作完成育训结合的人才培养，适应复合型技术技能人才培养的规律。

最后，随着产业转型升级、新动能持续涌现，新技术、新元素大量出现，凭借教师个体很难全部掌握，专业发展方面也呈现群体期望整体提升的发展趋势。新技术、新知识的学习需要分工协作，配合教师教学创新团队和模块化教学组织，通过教师群体通力合作完成产业新技术、新要素、新知识在教学过程中的更新。

（二）成为创新主体：服务国家战略和区域产业转型升级

高质量发展是站在新的历史方位上，适应社会主要矛盾变化，推动新时代国家现代化建设的国家战略。进入新时代最主要的标志是我国社会主要矛盾已经转化为人民日益增长的美好生活需要和不平衡不充分的发展之间的矛盾。高

等职业教育只有应对变局，把握大局，成为创新主体，培养服务区域发展的高素质技术技能人才，才能推动高质量发展，才能改变经济“大而不强”的局面，才能抓住新技术革命和新产业革命机遇，通过技术革新和人才支撑提高产业、技术水平和在全球分工体系中的相对地位。高职教育应当始终瞄准区域发展需求、产业转型升级要求，结合区域产业布局和发展导向，大力培养服务地区经济需求的技术技能人才，为推动实现区域经济均衡发展、为巩固脱贫攻坚成果提供人才支撑和智力保障。①

高等职业教育高质量发展体现在服务中小微企业的技术研发和产品升级，开展技术转让、技术咨询、联合技术开发、技术改良、工艺改进等，深度参与企业技术改造升级。高等职业教育高质量发展在于充分发挥高职教育专业分类细致、产教融合、多元化办学的优势，通过工学交替、育训结合等方式，引导企业深度介入人才培养，不断提升合作育人、协同育人的能力。积极适应新经济结构和新产业布局，大力开展适应新业态、新经济发展趋势的创新创业教育，保障高职教育学生就业，推动高职教育学生创新创业。

聚焦高职教师群体，通过技术服务与创新提升高等职业教育对产业经济的贡献度，是高职教育高质量发展的重要价值表现。高职教师可以依托校企共同建设技术创新服务平台，发挥创新主体的作用，将企业技术难题、瓶颈问题、关键工艺问题作为技术服务与创新的重点，以项目运作的方式促进科教融合、产教融合，实现技术创新的服务价值和育人功能。

（三）成为教改力量：保障高等职业教育的特色与质量

高等职业教育高质量发展意味着适应外部社会经济发展的需求和技能社会的建设，培养更多高素质技术技能人才、能工巧匠、大国工匠，为全面建设社会主义现代化国家提供有力人才和技能支撑。坚持职业教育类型特色，就是坚持立德树人、德技并修，坚持产教融合、校企合作，坚持面向市场、促进就业，坚持面向实践、强化能力的坚持面向人人、因材施教。面对社会对高等职业教育的偏见，坚定不移地提升人才培养质量，以增强劳动者就业竞争力、实现人的全面发展为根本目标，发挥技术技能教育、考评特长，提升教师队伍双师素质和能力水平，加快教材建设，创新教法改革，深化“教师、教材、教法”改革，切实提升人才培养质量，营造人人努力成才、人人皆可成才、人人尽展

① 杨建新：《变革创新：引领推动新时代高职教育高质量发展的第一动力》，《江苏高教》2021 年第 1 期。

其才的良好环境。

在专业设置和布局上，注重产业人才需求调研，与行业头部企业建立深度合作，加强校企优势资源互补和流动，动态更新专业设置，人才培养与市场需求相对接。在人才培养体系上，坚持立德树人、德技并修、产教融合、校企合作、工学结合的职业教育基本特征，积极探索“岗课赛证融合”育人模式，创新课程体系和教学体系，加大推进“1 + X”证书试点工作，积极开展学历加职业技能证书的培养模式。在具体培养方式上，要主动推进校企合作育人与教学模式改革相融合，充分依托信息化手段，通过灵活多样的课程设置、教学模式，深化学校教学与岗位实践、理论学习与技能提升的全面对接，切实提升高职教育学生的技术技能水平，充实他们的核心竞争力。[①] 高职教师作为优质教育资源的建设者，要求群体提升高等职业教育专业知识，更新教学方法、教材建设的理念和工具，加强学习，持续创新地打造优质教育资源，为高等职业教育特色和质量提供保障与支撑。

① 杨建新：《变革创新：引领推动新时代高职教育高质量发展的第一动力》，《江苏高教》2021 年第 1 期。

第二章　教师知识的分类与构成

知识是教师专业发展和胜任教学的基础和条件。了解教师的知识构成有利于教师专业发展，更有利于帮助学生建构自己的知识。高职教师的素质和其所具备的知识影响着教育教学质量，关系到学生的职业能力培养和社会对高等职业教育发展的信心及口碑。作为一种教育类型，高等职业教育教学具有职业实践特征和要求。那么，想要胜任高等职业教育教学，教师需要具备怎样的知识呢？这是本章着力解决的问题。有学者认为，高职教师要不断完善自身的学科专业知识，不仅要掌握职业教育学与职业教学论的知识，还要熟悉相关职业领域的工作过程知识。也有学者认为，高职教师应更重视将理论与实践技术相结合，在实践中更新知识结构。基于此，本章将探究高职教师应该具备怎样的知识框架。

一、知识与教师知识的分类

（一）一般知识的分类

常见的知识分类主要有以下几种。

1. 显性知识与隐性知识

根据是否可言语表征，知识可分为显性知识和隐性知识。迈克尔·波兰尼认为知识有两种，一种是可以用书面文字、地图、数学公式等表述的知识，另一种是不能系统表述的暗藏在人们的行动之中的知识。他将前一种叫作显性知识，后一种叫作缄默知识。显性知识或形式知识（explicit knowledge）是以数据、文字、数字、视觉图形、声音等形式表示和分享传递给他人的知识；隐性知识（tacit knowledge）属于看不见、摸不着的知识（如专家洞察力、态度、价值观等），很难被表述出来。隐性知识往往是存在于头脑中的某种特定环境下的难以正规化且难以沟通的知识。隐性知识具有高度个人化、难以形式化的特点。通过人与人之间的交流来分享隐性知识不是一件容易的事。隐性知识隐藏在个人的行动和切身经验以及其所信奉的价值观或情感之中。虽然隐性知识不能言表，但可以通过其他形式表现，如通过行动或情感表达。迈克尔·波兰尼说过："我们知晓的要比我们能说出的多。"那部分说不出来的知识具有缄默特征，也具有超强的个人属性。

2. 陈述性知识与程序性知识

现代认知心理学将知识分为陈述性知识和程序性知识两大类。皮连生认为，陈述性知识是"用于回答世界'是什么'问题的知识"，程序性知识是"回答'怎么做'问题的知识"。两类知识从测量学上可以进行甄别，陈述性知识是从人们"怎么说"看他们有没有知识；程序性知识是从人们"怎么做"看他们有没有知识，还包括只能意会而不能言传的知识。程序性知识又可以分为用于处理外部事物的程序性知识和用于调控自身认知过程的程序性知识。知识的分类如图 2-1 所示。

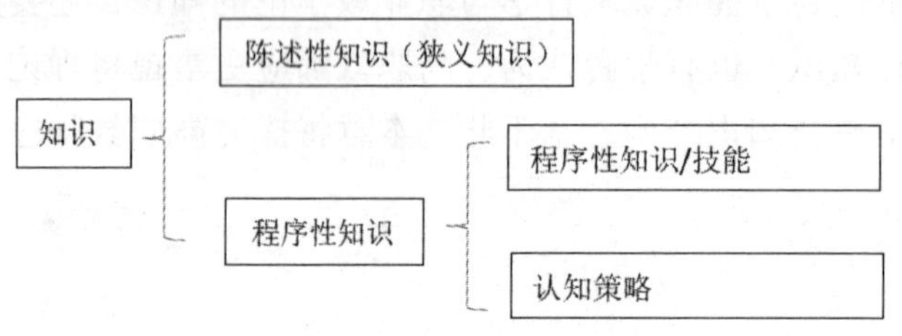

图 2-1 知识分类

（资料来源：皮连生主编的《知识分类与目标导向教学——理论与实践》第 8 页）

3. 水平话语知识与垂直话语知识

英国社会学家巴兹尔·伯恩斯坦在涂尔干的知识分化基础上对知识结构及其变化进行了分析，将知识区分为水平话语知识和垂直话语知识：水平话语知识是"地方性的、分割化的、情境依赖性的"，工作导向或工作场所的知识被视为水平话语知识的一种；垂直话语知识是"一般化的、明确的、连贯的"，表现为可编码的知识体。我们常常说的学科体系知识属于垂直话语知识，垂直话语知识又包括等级化知识结构与水平化知识结构，也就是常见的程序性知识和陈述性知识。[①] 垂直话语知识和水平话语知识在其产生和获取的条件上有显著差异：垂直话语知识可以通过"工作之外"获取，遵循某种立论所依据的清晰原则；水平话语知识通常凭经验获取，不受外部的教学法干预，也不遵循明确的规则与秩序。

4. 一般知识的其他分类

随着人们对知识的认识发展，知识的组成结构也从单个元素变得更加多元化。

（1）经济合作与发展组织的知识分类。1997 年，经济合作与发展组织（OECD）在《以知识为基础的经济》中将知识分为四种类型：Know-What（知道是什么）、Know-Why（知道为什么）、Know-How（知道怎么样）、Know-Who（知道关于谁）。

（2）约翰·洛克的知识分类。约翰·洛克将知识分为以下三类：一是直觉知识，是指通过直接观察事物而获得的知识，是一切知识的基础；二是论证知识，是以直接知识为基础，根据事物的内在关系推理获得的知识；三是感觉知识，是人的一种主观体验。[②]

（3）布卢姆、安德森的知识分类。布卢姆、安德森将知识分为事实性知识、概念性知识、程序性知识和元认知知识。事实性知识是关于具体细节和要素的知识，通过一些与具体事物相联系的符号或"符号串"传递重要信息；概念性知识是关于类别与分类、原理与概念、模式与结构的知识，通过图示、模型或理论阐述类别之间的关系；程序性知识是如何做事的知识，包括具体学科的技能和算法的知识、具体学科的技术和方法的知识、确定何时运用适当程序的知识；元认知知识是关于认知的知识，包括适当的情境性和条件性知识、自我知识。

（4）马扎诺的知识分类。马扎诺认为，任何学科知识领域可以看作是"信息""心智程序""心理动作程序"三类知识的不同组合。马扎诺指出："知识在一个人成功地从事一项新任务的能力中起着关键作用。"[③] 具体来说，信息是指具有层级结构的陈述性知识，包括构想（原则、概括）和细节（时间序列、

---

① 迈克尔·扬：《把知识带回来：教育社会学从社会建构主义到社会实在论的转向》，朱旭东、文雯、许甜译，教育科学出版社，2019，第 261 页。

② 吴卫东：《教师个人知识研究——以小学数学教师为例》，教育科学出版社，2011，第 35 页。

③ 罗伯特·J. 马扎诺、约翰·S. 肯德尔：《教育目标的新分类学（第 2 版）》，高凌飚、吴有昌、苏峻译，教育科学出版社，2012，第 20 页。

事实、词汇术语）；心智程序（元过程程序）是具有“如果——那么”产出结构的知识，这种知识需要先作为信息学习，然后在实践中发展，最终达到或接近自动化的状态；心理动作程序是身体动作的程序，是指个人在日常生活中、在工作或娱乐活动中复杂的身体动作的心理程序，包括过程（复杂组合程序）和技能（简单组合程序和基础性程序）。① 马扎诺的知识分类将知识成分从大脑认知延展到身体行动，这点与职业教育知识的实践成分的特点吻合。

（二）教师知识的分类

对教师知识构成的研究大多沿用一般知识的分类。

1. 按显性知识和隐性知识分类

这种分类将教师知识分为显性的教学理论知识和隐性的教学实践知识，即将教学理论和教学实践分开，并已经注意到教师知识中的一类特殊知识——实践性知识。奥斯特曼认为，教师的理论知识应该分为两类：一是所倡导的理论（外显的理论）；二是所采用的理论（内隐的理论）。② 教师实践性知识是指“教师在面临实现有目的的行为中所具有的课堂情景知识以及与之相关的知识，更具体地说，这种知识是教师教学经验的积累”③。陈向明（2003）侧重从作用角度进行定义，认为教师实践性知识“是教师真正信奉的，并在其教育教学实践中实际使用和（或）表现出来的对教育教学的认识”④。金忠明、李慧洁（2009）认为，教师实践性知识是教师个人依凭自身生活经验、人生哲学以及人生信念，在特定情景中就知道应当做什么和知道如何去做的知识形态，是一种高度综合并内化的知识，是运用于教学实践情境中的形态。⑤

埃尔巴兹（Elbaz，1983）在早期研究中借用了杜威式的术语，将教师知识称为实践性知识（practical knowledge），包括关于自我的、环境的、学科内容的、课程的和教学的实践知识。康纳利和克兰迪宁从教师个人叙事角度研究了教师实践性知识，认为教师实践性知识是教师知识的全部，是不可分割的整体，并提出“专业知识场景”概念搭建教师实践性知识的时空基础。康纳利、

---

① 罗伯特·J. 马扎诺、约翰·S. 肯德尔：《教育目标的新分类学（第 2 版）》，高凌飚、吴有昌、苏峻译，教育科学出版社，2012，第 30 页。

② 陈琦、刘儒德：《教育心理学（第 2 版）》，高等教育出版社，2011，第 55 页。

③ 林崇德、申继亮、辛涛：《教师素质的构成及其培养途径》，《中国教育学刊》1996 年第 6 期。

④ 陈向明：《实践性知识：教师专业发展的知识基础》，《北京大学教育评论》2003 年第 1 期。

⑤ 金忠明、李慧洁：《论教师实践性知识及其来源》，《全球教育展望》2009 年第 2 期。

克兰迪宁坚信“知识不仅仅在大脑中，也在身体中，在我们的实践中”[①]。

2. 按联合国教科文组织的知识分类

南京师范大学在《教育学》(2001)一书中表示教师知识包括向学生传授的各门基础知识、专业知识、教育科学知识和心理科学知识。[②]林崇德等人(1996)认为，教师知识包括本体性知识、条件性知识和实践性知识。本体性知识是指教师的学科知识；条件性知识是指教师的教育学和心理学知识；实践性知识是指教师的课程情境知识和与之相关的知识。[③]辛涛、申继亮和林崇德(1999)在教师知识结构中加入了文化知识。

3. 按教师职业工作认识不同分类

国外文献中提到最多的是舒尔曼对教师知识的类别阐述。舒尔曼(1987)认为，教师的知识包括学科知识，一般教育学知识，课程知识，学科教学知识(PCK)，关于学习者及其学习的知识，教育背景的知识，关于教育结果、目的、价值的知识。[④]斯滕伯格认为，教师知识包括内容知识、教学法知识、实践知识。格罗斯曼在1994年版的《国际教育百科全书》中把前人对教师知识的研究成果进行了分类，提出教师知识框架包括六个领域，分别为内容知识(包括学科内容知识和学科教学法知识)、关于学习者和学习的知识、普通教学法知识、课程知识、背景知识、自我知识。[⑤]1999年，斯坦福大学教授哈蒙德提出职前教师知识应该包括学科教学知识、关于发展的知识、对差异的理解、对动机的理解、关于学习的各种知识、评价学生学习的知识、掌握教授有学习困难的学生的技能、关于课程资源和技术的知识、合作的知识、评价自己的教学效果的知识。[⑥]佐藤学认为，知识包括知识基础与实践性学识，职前教师通过教师教育应该获得广博的教养、案例分析、实践性经验与临床经验。[⑦]伯利纳(Berliner，1992)用“专长”这个概念表达教师实然知识。[⑧]他认为，教师

---

① 康纳利、克兰迪宁:《教师成为课程研究者:经验叙事》，浙江教育出版社，2004，第26页。

② 南京师范大学教育系:《教育学》，人民教育出版社，2001，第109-126页。

③ 吴卫东:《教师个人知识研究——以小学数学教师为例》，教育科学出版社，2011，第24页。

④ 佐藤学:《课程与教师》，钟启泉译，教育科学出版社，2003，第389页。

⑤ P. L. Grossman, *International Encyclopedia of Education* (Landon:Oxford,Elsevier Science Ltd,1994),pp.6117-6118.

⑥ 刘静:《20世纪美国教师教育思想的历史分析》，北京师范大学出版社，2009，第220页。

⑦ 佐藤学:《课程与教师》，钟启泉译，教育科学出版社，2003，第249-250，338页。

⑧ David C. Berliner, *Effective and Responsible Teaching:The New Synthesis*(San Francisco, CA:Jossey-Bass, 1992), pp.227-248.

实然知识包括学科专长、课堂管理专长、教学专长、诊断专长。范良火将教师教学知识定义为教师所知道的关于怎样教的知识，也就是教学所用的知识。他通过研究三所优秀高中的77位数学教师探究了教师教学知识的发展。他认为，教师教学知识包括三个主要部分：教学的课程知识（PCrK）——包括技术在内的教学材料和资源的知识；教学的内容知识（PCnK）——表达数学概念和过程的方式的知识；教学方法知识（PIK）——关于教学策略和课堂组织模式的知识。[①]季苹（2009）在《教什么知识——对教学的知识论基础的认识》中从教学内容角度把教学知识称为“活的知识”，即能够增进学生能力的知识。[②]她将教学知识分为事实性知识、概念性知识、方法性知识和价值性知识四种类型，主要是指各学科层面的具体知识和支撑具体知识的后台知识。[③]

4. 按个体与群体分类

加拿大学者克兰迪宁与康纳利在她们20年的合作研究中一直都很关注教师知识的“个体性”。她们的观点如下。第一，“个人知识”是指智慧财富，其与人紧密相连，并难以用语言表达。它包含其他的智慧事件和身体行为。第二，个人知识也不一定就意味着是事实。个人在过去经验的指导下，对未来的实践或情境的解释可能是完全错误的，也就是说他们的个人知识可能是不正确的。知识，特别是“个人知识”，是人的经验的总结，而人的经验是千差万别的，其经验的提炼也受到个人倾向性的影响，因此不可能是完全正确的，而是复杂的、与个人的价值观紧密相连的，因此她们否定了“个人知识”的确定性，表明了“个人知识”的多面性和复杂性。

吴卫东（2011）认为，个人知识是指个人所拥有的经验、体验和信念的整合体。经验强调源于个体的经历与实践的观念，存在大量的隐性知识；体验重在表达个体伴随着认知活动产生的动力维度，如情感、态度等；信念是指对外在的各种信息加以内化、确证后的观念。[④]他认为，教师个人知识是一种复杂的整合性、场景性和多元表征性的知识，包括本体性知识（学科知识）、条件性知识（教学法知识、课程知识、学习者知识）和背景性知识（相关学科的知识，如关于教育本质的知识、环境知识、自我知识等）。[⑤]

① 范良火：《教师教学知识发展研究（第二版）》，华东师范大学出版社，2003，第208页。

② 季苹：《教什么知识——对教学的知识论基础的认识》，教育科学出版社，2009，第128页。

③ 同上书，第121，123-128页。

④ 吴卫东：《教师个人知识研究——以小学数学教师为例》，教育科学出版社，2011，第39页。

⑤ 同上书，第42，45页。

教师群体知识没有明确的定义，是指某类教师群体构成的知识网络。马宁等研究了通过混合式研训构建教师群体知识，强调教师群体成员间彼此协作沟通、建构新知更容易形成知识系统。① 李春玲认为，教师群体知识是教师个体知识通过交互共享机制转移给组织内其他成员，成为群体共有的知识。② 在合作性团体中，教师个体的知识差异、优点各有不同，通过群体交流取长补短，最终实现教师群体的共同进步。

（三）高职教师知识的分类

1. 本体性知识、条件性知识、实践性知识、价值性知识

本体性知识是教师"教什么"的知识基础，是教师在教学中传授学习者学习内容所需要具有的特定的学科专业知识。这里的教学本体性知识指的是高职教师具备的可以作为教学内容的知识基础，不再局限于教师的学科专业知识，也包括围绕职业专业教学内容的学科专业知识和职业相关的理论及实践经验。只有具备丰富多元的本体性知识，才有可能在教学中得心应手。正如著名教育学家苏霍姆林斯基所说："应当在你所教的那门科学领域里，使学校教科书里包含的那点科学基础知识，对你来说只不过是入门的常识。"③

条件性知识是关于如何"学习"和"教授"职业理论知识和实践知识的知识，解决的是"怎么教"的问题，一般来说指的是教师所应具备的教育科学、心理科学知识。以德国为例，1970 年制定、1995 年修订的《职业学校专业教师培养和考核国家规范框架》明确规定，职业学校教师的专业化培养包括为期 4 ～ 5 年的第一阶段学习和为期 2 年的教师预备实习。在第一阶段的学习中，职业教育教学法、专业教学法、心理学的学时比例占到 20% 左右。④ 第一阶段学习结束后，通过第一次国家考试者继续为期 2 年的教育实习。实习阶段不仅有经验丰富的教师指导，还必须继续参加大学研讨班的活动，继续学习教育学、心理学等方面的课程。2 年实习结束后，通过以专业知识和教育教学能力为重点的第二次国家考试，才能获得职业教育教师资格证书。⑤

---

① 马宁、李亚蒙、何俊杰：《群体知识建构视角下教师混合式研训的组内交互及知识建构层次分析》，《现代教育技术》2019 年第 4 期。

② 李春玲：《构建教师群体的知识共享机制》，《教师教育研究》2006 年第 2 期。

③ 万文涛：《论专业化教师的知识结构》，《教育研究》2004 年第 9 期。

④ 杨柳：《德国"双元制"职教师资培养模式对我国的启示》，硕士学位论文，江西师范大学教育学原理系，2008，第 12 页。

⑤ 罗丹：《高职教师专业化发展论析》，《江苏高教》2014 年第 5 期。

实践性知识是教师在高职教学工作中信奉和使用的知识，包括高职教学实践中高度具体的行动指南、对教学的评估准则、教师情感、价值观、需求和信念。

价值性知识是指高职教师在教学工作中秉持的教师道德信念、规范以及职业领域道德信念、规范等凸显品德和态度的知识。

2. 文化通识课教师知识、专业基础课教师知识、专业核心课教师知识

课程（curriculum）源自拉丁文 racecourse，原意为跑马道，引申意义为“学习者学习的路线”，是实现教育目标与价值的主要载体。斯宾塞第一个提出“课程”的概念，将其定义为“教学内容的系统组织”①。课程体系及其课程是人才培养的主要载体，也是人才培养方案的核心，关系到培养目标的实现和培养标准的落实。因此，教师可以按照不同的类型将课程分为文化通识课、专业基础课和专业核心课三类，不同课程所需的教师知识有所不同，进而将教师知识按照课程类别分为文化通识课教师知识、专业基础课教师知识、专业核心课教师知识三类。

文化通识课主要有人文系列课程和数理系列课程，为专业学习提供适应面广的人文社会科学、数学和计算机基础等课程，注重学生的人文素养、团队合作精神、创新创业意识、社会责任感、家国情怀、全球视野以及数字化思维等通用能力的培养。文化通识课教师需要具备广博的学科基础知识和社会通识知识，重点开阔学生的知识视野，提升学生的创新意识和思维，对学生基本知识的学习、基本技能的掌握、基本素质的提升、价值观的形成和全面发展发挥着基础性作用。

专业基础课为专业学生提供在本专业领域发展不可或缺的专业理论、方法和技术，主要涉及本专业领域发展最基础的知识、原理、规律和方法等。其目的是让学生通过此类课程的学习掌握走向社会所必需的基本职业素质与能力。打牢专业基础是专业基础课的主要任务，因此专业基础课教师应该具备扎实的专业基础知识和技能，要非常熟悉与专业对应的职业岗位的基础职业素质和能力并能够指导学生有效掌握。

专业核心课程是高职院校学生为从事本专业所应学习的核心的知识体系与经验结构的总称，主张培养学生针对就业方向的核心竞争力，从社会现实的环境出发，联系学生在校学习和离校后可能遇到的实际问题来设计课程内容以及

① 张昌凡：《一般本科院校专业课程开发原则探析》，《高教探索》2019 年第 1 期。

安排学习的进程与方式[①]，培养学生的专业核心能力与实际动手能力，提升他们毕业以后在人才市场的核心竞争力。学校除了利用自身的实验实训条件外，还可通过与企业的联合培养加强核心课程建设中的实践环节。专业核心课程要注重培养学生解决复杂工程问题的能力、解决非结构化问题的能力、多学科团队协作能力、研究和开发能力以及创新能力等。[②]对于工科专业来讲，真正培养和锻炼学生工程应用和实践能力的是专业核心课程。因此，专业核心课程教师应该具备解决实际工作问题的专业核心课程教学知识。

二、高职教师知识的类型差异与属性特征

（一）与其他教育的差异区分

从差异特征来看，高等职业教育兼具高等教育和职业教育的双重属性，教师知识也有别于中职教师知识。姜大源指出："高等职业教育和中等职业教育在人才培养层次上的区别，一个是在策略层面，一个是在经验层面。"[③]从策略与经验的概念差异可以找到中高职教师教学知识的不同。所谓"策略"，是指"根据形势发展而制定的行动方针和斗争方式"[④]，又指"为实现战略任务而采取的原则、手段"[⑤]。所谓"经验"，哲学上通常指感觉经验，指人们在实践基础上通过感官在与外部事物或现象直接接触的过程中所获得的关于外部事物或现象的表面认识。[⑥]策略和经验体现在层次上的差别，经验偏表层、直观、碎片化，策略则显得深刻且灵活，所需能力更高。因此，高职教师的知识需要为策略层面的能力服务，即知识要符合高深知识的特征，更加系统化和具有深度。

与普通高等教育相比，高等职业教育具有职业性的培养目标、实践性的教

---

① 岳爱臣、高浩其、熊和平：《应用型工程院校专业核心课程的研究与实践》，《高等工程教育研究》2007年第5期。

② 林健：《新工科专业课程体系改革和课程建设》，《高等工程教育研究》2020年第1期。

③ 姜大源：《当代世界职业教育发展趋势研究》，电子工业出版社，2012，第199页。

④ 莫衡：《当代汉语词典》，上海辞书出版社，2001，第65页。

⑤ 许征帆：《马克思主义辞典》，吉林大学出版社，1987，第1211页。

⑥ 卢之超：《马克思主义大辞典》，中国和平出版社，1993，第338页。

学过程、多样性的办学形式和与产业经济世界密切联系的突出特点。[①]高职教师与普通高校教师的主要区别特征为"双师型"，即既具备实践教学能力又具备理论教学能力。[②]成军认为，高职教师成长要必备高度综合的实践能力、职教能力和科研能力。[③]潘玲诊认为，高职教师有别于其他类型教师的特征是理论知识、实践技能、应用研究能力三者之间进行深度融合。[④]从知识结构来讲，高职教师知识基本可以分为职业理论与实践、教育理论与实践两大部分。因此，高职教师会受到来自职业和教育两个方面环境的影响，与普通高校教师相比，其知识更具有动态性。高职教师的知识夹杂着在教育和职业两个领域中的个人经历和经验，混合着个人背景和教师在特定情境中的表现，既非百分百的理论知识，也非完全的实践知识，是教育和职业双重领域的理论和实践的结合。高职教师知识既要符合高职教育的特色，又应达到胜任教师所需的知识构成。高职教师知识吸收了高职教育的特色，也代表着高职教育的特色。

（二）属性特征

1. 双师属性：跨界融合性

"跨界融合性"体现了高职教师知识在理论与实践、从学校到企业的"知行合一"。对于职业教育属性而言，高职教师需要从学科知识体系转化到职业工作知识体系，分享并创造性地指导学生具备职业精神和技能。"双师型"教师是高职教师的特色，"双师型"知识也是高职教师知识的特色。职业教育是跨界教育，已经逐渐成为一种共识。[⑤]高等职业教育兼具教育性、职业性和高等性，不仅要遵从教育规律、学习认知规律，还要遵循职业发展、职业成长成才的规律。[⑥]何谓跨界？赵伶俐教授在国家级精品公开课"跨界思维"中给出了"跨界"的定义："打破事物之间的封闭隔膜，发现或者建立事物之间内在逻

① 石伟平、郝天聪：《从校企合作到产教融合——我国职业教育办学模式改革的思维转向》，《教育发展研究》2009年第1期。

② 吴全全：《职业教育双师型教师基本问题研究：基于跨界视域的诠释》，清华大学出版社，2011，第9页。

③ 成军：《高职院校教师成长体系建构的策略与路径研究》，《中国高教研究》2011年第7期。

④ 潘玲诊：《高职院校教师发展中心的运行机制与功能结构研究》，《高等工程教育研究》2014年第6期。

⑤ 吴全全：《职业教育双师型教师基本问题研究：基于跨界视域的诠释》，清华大学出版社，2011，第1页。

⑥ 同上书，第2页。

辑联系的心理（思维）与行为。”因此，跨界本身就是一种融合，不可以割裂相看。这种跨界融合不仅指同时具备理论知识和实践知识以及教师教育知识和职业知识，还指两种不同知识发生或者建立逻辑联系，融为一体。同理，仅具备教师教育的知识和社会职业的知识是不够的，还需要具备企业实践经验和教学实践经验。然而，对于高职教师的成长来讲，具备这些仅仅是个开始，或者只是个基础。

高职教师知识在教育实践中应用和选择，在职业实践中获取和传播，因此高职教师知识与教育和职业实践息息相关、紧密相连。与普通高等院校教师相比，高职教师的知识跨界不仅体现在理论知识和实践知识的融合，还更加注重所教知识能否“做”出来。另外，其又体现在学校任务和企业任务的跨界，既能胜任教学，又可以服务地方企业。高职教师知识体现了“知行合一”的跨界特色本质。从个体来讲，高职教师知识中有大量的隐性知识，高职教师在实现教学、社会服务、科研职责功能的过程中综合使用隐性知识，这些隐性知识难以用语言系统阐述或代码编码，就好像“很少有真正有创造力的人能够以令人信服的方式清晰地表达出从起初的灵感到他们作品完成的全过程”[①]一样，主要原因如下：一方面是高职教师所需传授的知识中富含大量的缄默知识；另一方面是高职教师个体的实践活动（如教学、社会服务、科学研究等）中存在大量的实践性知识。

2. 职业属性：实践应用性

实践是在真实世界中的一种场域，既具有时间维度，又具有领域维度，包含大量的不确定性。高职教师知识的实践性包含领域特殊性、时间依赖性以及情境应对性三个具体特性。所谓领域特殊性，是指高职教师尤其是专业教师基于职业领域的工作实践，体现领域的差异性；所谓时间依赖性，是指高职教师知识在教育实践中积累，在职业实践中与时俱进；所谓情境应对性，是指实践中应对方式的不可预见性，高职教师在具体实践情境中依据感知做出应对。高等职业教育传授以社会经济发展为背景能够实践应用的高深知识和职业知识，高职教育知识呈现社会性，不仅指它如何由外部的社会影响因素所塑造，还指我们所有的类属、理论、概念以及符号都不可避免地源自社会这一事实。高职教师知识应该包括职业所需的无法获得或者在工作中获得不充分的知识。另外，高职教师需要关注岗位的外部需求，持续保持对外部需求的了解和适应。

① 马克斯·H. 布瓦索：《信息空间：认识组织、制度和文化的一种框架》，王寅通译，上海译文出版社，2000，第128页。

高职教师知识的实践应用性赋予其另外一个特征——复杂性。复杂性体现在高职教师知识在多种复杂的实践情境之下的多样性和适应性。霍兰德指出，适应性造就了复杂性，多样性知识是对环境情境的复杂性适应。无论教学实践情境还是职业实践情境，高职教师知识在应用维度上都具有缄默性，教师不仅具备缄默知识，还需要将缄默知识显性化传递给学生。波兰尼认为，缄默知识的结构包括三个中心，分别为附属的个别事物、中心目标、联结两者的认识者。他认为，认识者使附属物与中心目标整合起来。[①]认识者的注意力应该集中于中心目标，一旦离开中心目标，附属物就会失去意义。例如，人的注意力"离开技能的操作而集中于构成操作的几个动作上，我们就能使技能的操作瘫痪"[②]。因此，缄默知识包含经验、技巧、诀窍等，是要靠实践摸索和体验来获得的，是可意会而不可言传的。[③]对于缄默知识而言，干中学是最好的传承和学习途径。无论高职教师所教授的知识还是高职教师所具备的知识，都具有明显的实践缄默，围绕活动"职业行动"这一中心目标，相关技能以及理论知识都是从属于"职业行动"的，高职教育最终以"会不会""能不能"作为最终的衡量标准，而非以具体技能、知识等内容来考量。

3. 技术属性：社会交互性

社会交互性是指高职教师与社会环境的交流互动，体现在与学科知识世界的互动，以及参与、体验职业、教育等领域的社会实践活动时的信息、思想、情感、感知的交流。高等职业教育以社会职业为逻辑起点的类型属性，要求高职教师的知识跟上产业最新的职业背景和技术知识；高等职业教育的高等教育属性，要求高职教师系统掌握代表高等教育特征的高深知识。高等职业教育的高深知识有别于普通高等教育，是涉及社会实践应用的高深知识，表现为超越规则的实践智慧，其核心作用在于实践应用。所谓"高"，代表知识的层次，是指知识层级结构高，建立在一般性知识基础之上；所谓"深"，代表知识关系的构成复杂程度、知识联结的网络构造，是指对知识的理解通达透彻。知识的社会交互性成为高等职业教育的发展必然。遵循内外协同的逻辑，教育教学与外部发展同频，教育知识与产业知识耦合，认知与行动统一。高职教师的知识由外部的社会影响因素所塑造，也通过知识生产补充着社会的公共技术知识。

---

① 波兰尼：《缄默的认识》，载瞿葆奎主编《教育学文集（第六卷）》，人民教育出版社，1991，第127页。

② 同上，第127-128页。

③ 王众托：《知识系统工程（第二版）》，科学出版社，2015，第6页。

职业教育的目标已转向培养能主动地、负责任地、创造性地工作，具有适应新技术的开放的心智结构的工人。[①] 在这个教育目标下，高职教师需要不断学习，持续动态更新和发展自身知识，将课堂教学内容尽量对接职业情境，使课堂教学目标更加复合，不仅传递知识，培养技能，还要融入丰富的实践经验，注重学生关键能力和持续发展能力的培养。高等职业教育是与社会产业经济互动融合的开放式教育，人们往往按照理论与实践二分法划分知识，给理论知识和实践知识主观上拉上了一条泾渭分明的界限。然而，能够解决问题的知识具有整体性，无法说清哪些属于理论、哪些属于实践。例如，设计飞机要懂得空气动力理论，还要为飞机遇到飞鸟撞击创设具体情境；设计家庭照明系统要遵循欧姆定律，还要依据家庭空间布局的具体情境而特别设计。对于知识的理解应该是多元化的，不仅包括理性认知层面，还包括实践行动层面。正如波兰尼所说："当我说知识时，永远都是包含着实践和理论的知识。"[②]

三、高职教师知识分类的具体构成

（一）本体性知识：专业理论和职业实践融合取向

高职教师的本体性知识兼具高等性和职业性：高等性是指从事高等职业教育的教师所接受的高等专业教育的学科理论知识；职业性是指从事高等职业教育的教师要具备专业相关的理论和实践知识。本体性知识是高职教师从事职业专业教学的基础，具备比中职教育复杂的职业工作取向的理论和实践。高职教师围绕职业工作内容开展教学，其本体性知识是职业工作取向的内容知识，既包括技术理论，又包括职业工作实践经验。对于高职教师来讲，其所应拥有的本体性知识十分复杂，不仅包括学科专业知识，还包括职业实践经验，更确切地讲是两者的跨界融合。具体来说，本体性知识包括职业学科专业知识、职业工作理论知识和职业工作实践经验。

1. 职业学科专业知识

职业学科不具体指某门学科，而是指关注职业问题，以"职业性"为导向，利用知识尤其是技术知识成果解决职业岗位中关键问题的学科。职业学科知识

① 徐国庆：《职业教育课程论》，华东师范大学出版社，2008，第 183 页。

② Michael Polanyi, *The Tacit Dimension*(New York:Doubleday & Company,INC,1966),p.7.

是指围绕一定的职业岗位所形成的知识体系。职业学科专业知识既能体现高职教师的高深知识，又能投射高职教师的职业特征。“高深知识是任何高等教育活动的基本前提。”[①]职业学科专业知识的“高”体现在含有普遍性、概括性高的学科基础体系，如电气自动化专业的高职教师具备深厚的机械学科基础，市场营销专业教师具备管理学学科基础，室内装修专业教师具备艺术学学科基础等；职业学科专业知识的“深”体现在职业领域与学科领域的知识联结、学科与学科之间的跨界融合与对职业工作典型任务的透彻了解。高职教师大多经过普通高校的学科专业培养，然而因普通高校专业与高职教育专业的割裂，教师在普通高校得到的学科专业知识无法完全满足高等职业教育的教学要求，需要再融入职业领域的大量知识才能构建起职业学科专业知识。因此，职业学科专业知识需要教师有意识地联结学科专业知识与职业专业知识，不断融合，系统建构。

（1）学科专业知识。学科专业知识是教师知识的基础，不仅可以提高教师的专业理论水平，还可以提高教师系统解决问题的能力。缺乏学科专业知识，教师则会陷入就事论事的境地。[②]早在19世纪30年代，德国著名教育家第斯多惠就在其最著名的代表作《德国教师培养指南》中这样写道：“将你的学科作为你学习的核心。”[③]高职教师需要将抽象系统的学科理论与情境具象的职业实践联结起来，这是职业学科专业知识的特殊要求。联结学科理论与职业实践，也将是使高等职业教育获得与普通高等教育同等地位的方法之一。[④]深厚的学科专业知识是专业地、高标准地做好事情的基础。画家达·芬奇在欧洲文艺复兴时期留下了很多领域的画作，为了追求画作的完美表现，他阅读了大量的物理学、光学、化学、动物学学科等相关书籍，将学科知识体现在画作中，呈现出了有穿透力、丰满、有立体感的作品。这里的学科专业知识还包括广泛的其他学科文化知识。

（2）职业专业知识。职业专业知识是高职教师的立身之本。职业即个人在社会中从事的工作岗位，是文明进步、生产发展和社会分工的产物，具有明显

① 陈洪捷：《论高深知识与高等教育》，《北京大学教育评论》2006年第4期。

② 蔡心心、秦一鸣、李军：《教育改进学的创建与中国探索：知识基础与学科框架》，《清华大学教育研究》2020年第3期。

③ 余闻婧：《论教师专业发展的学科属性建设》，《中国教育学刊》2016年第4期。

④ 迈克尔·扬：《把知识带回来：教育社会学从社会建构主义到社会实在论的转向》，朱旭东、文雯、许甜译，教育科学出版社，2019，第182页。

的技术性。[①]专业是培养人才的基础单位。职业专业知识总是与从事某种职业的人的职业活动联系在一起，它是对相关职业领域里的职业群或岗位群的从业资格进行高度归纳概括后形成的一种能力组合。[②]职业专业知识是在工作世界中理解和精通任务的必要条件，是在情境中解决整体问题的应用模式。[③]高职教师的最终目标是将学生培养为合格的职业从业者，即培养学生具备"真实世界智能"的能力，这代表一种行动能力和综合性应用能力，即高效地从事真实职业、迎接挑战、把握机会的能力。例如，一名厨师不仅要具备厨艺技能，还要富有激情，有敏锐的观察力和创造力，善于沟通，等等。普瑟尔曾指出职业教育教的是关于职业工作过程中的技术方法、普通工具的使用、普通设备的使用、基本的技术过程、材料、术语、环境、社会价值观、科学原理和经济因素等。[④]职业专业知识是综合性多元知识，包括蕴含在职业工作过程及整体解决问题标准中的引导工作行动的知识（Knowing-How）、解释工作行动的知识（Knowing-Why）和理解工作行动的知识（Knowing-What），即知道职业任务是什么以及有怎样的职业标准，知道为什么会提出这些职业标准，知道如何做才能达到职业标准。

2. 职业工作理论知识

高职教师应该具备"工作世界"的行动体系的职业工作理论知识。具体来说，就是能够解决在资源、经济和技术的局限下的技术研发、产品设计、服务升级等问题。大量职业工作理论知识在工作过程中自然存在，主要有两个来源：一是在工作实践中隐藏着的知识；二是在工作过程中对学科知识的应用。应用过程可能会产生新的知识，也可能会继续保留原来的内容。但无论是哪种类型的工作知识，其存在形式都与以学科为载体的学科知识完全不同，它是依附于工作过程的。[⑤]职业工作理论知识包含职业背景知识、职业工作任务知识以及职业工作过程知识。

---

① 侯长林、陈昌芸、罗静：《本科层次职业学校学科选择及建设策略——兼论职业学科》，《高校教育管理》2020 年第 6 期。

② 姜大源：《职业教育专业教学论初探》，《教育研究》2004 年第 5 期。

③ Zhao Zhiqun, Felix Rauner and Ursel Hauschildt(eds.), *Assuring the Acquisition of Expertise:Apprenticeship in the Modern Economy* (Beijing:Foreign Language Teaching and Research Press,2011) ,p.23.

④ 徐国庆：《职业教育课程论》，华东师范大学出版社，2008，第 160 页。

⑤ 徐国庆：《职业教育课程的学科话语与实践话语》，《教育研究》2007 年第 1 期。

（1）职业背景知识。职业是高等职业教育的逻辑起点，了解社会、经济、技术等背景及其未来发展趋势对高职教师来说是必需的。职业是社会分工的产物，从社会学角度来看，要知道当前职业的劳动对象、劳动工具和劳动力要求及待遇等情况，并以宏观的视角了解社会职业之间的关联。高职教师应该了解所教专业对应的产业，了解产业现状及其发展趋势，等等。了解从事职业的技术背景非常必要，要特别关注现有技术的形成历史和未来技术的发展趋势，这样有利于帮助学生建立宏观的动态创新思维，培养学生的技术创新能力。

（2）职业工作任务知识。设置职业工作目标的目的在于解决实践过程中“做什么”和“怎样做”以及“如何做好”的问题。[①] 职业工作目标可以分解为若干工作任务，工作任务是职业活动中具有完整工作步骤的过程。通过分析工作任务可以将职业活动分解为若干个典型工作任务，典型工作任务知识包括完整的工作过程知识和典型的工作情境描述，掌握了典型工作任务知识后，基本就可以对职业活动的全貌进行整体把控。比如，机电一体化职业工作可以分解为若干典型工作任务，包括机械绘图、零件加工、机械零件维修、结构件焊接、数控机床零件加工、机械产品装配、机电设备维修与检测等。[②]

（3）职业工作过程知识。职业工作过程知识是按照职业工作过程重新排序后的理论知识，包括专业知识以及高职教师所教授专业相关的社会职业的工作流程、标准和规范等。其中，专业知识不仅包括知道职业工作是什么、怎么做，还包括知道怎样才算做好、如何才能做好、为什么要做好。

3. 职业工作实践经验

高职教师应该具备大量的职业工作实践经验，因为职业工作需要大量隐性知识，隐性知识只能通过大量的观察和实践才能获取。一项职业工作需要运用多种专业知识和技能，也需要实践经验和判断，还需要个人具备毅力和职业精神等非智力因素。明朝宋应星所著的《天工开物》是最早记载职业知识的书。书中记录了各种职业工序过程，也记载了匠人很多独特的窍门和经验：烧窑师傅观察窑内产品的颜色就能断定窑炉温度，印染师傅知道增加一种腐蚀性的苏打溶液或者加入草木灰就能将红颜色从衣料上去除。“我们意识到虽然我们获得了多元特殊领域知识，但是将所有相关领域知识整体化联结和应用才能真正

① 李曼丽：《工程师与工程教育新论》，商务印书馆，2010，第52页。

② 中国就业培训技术指导中心：《职业课程——职业技能课程的开发理论与实务》，北京师范大学出版社，2010，第232页。

获得有效的结果。”[①]沃尔特·G. 文森蒂研究了航空工程知识之后总结说，“提高问题解决的有效性就明确指出了工程科学以及一般工程知识的积累方向”，认为技术人员可以“发展出几乎是系统化的知识体系来满足实际的需要”，而且认为这些知识中包含着解决问题的思维方式。[②]

职业工作实践经验是通过完成职业工作任务而形成的结构化的经验知识。例如，为房子设计安装采暖设备的工作中蕴含着整体问题解决的标准，即清晰地表述，效率、持续性和功效性，工作/商业过程导向，生态责任、社会责任，解决问题的创造性。清晰地表述是指用清晰和有组织的方式通过解释、画图等形式表达自我思想的能力，这是职业化的标志之一；效率、持续性和功效性是职业结果评价的基础标准，表明职业任务最终结果是有效的、被客户认可的，并持续保持良好的效果；工作/商业过程导向是指在组织分层和过程链中的操作流程，这个标准主要是要求在职业任务过程中考虑前后联系和自己职业工作的跨界合作；生态责任、社会责任这两个标准表达职业任务与社会、生态环境相连，工作过程和结果需要充分考虑社会、生态的因素和影响；解决问题的创造性是职业问题解决中一个重要的指导原则，这是因为职业任务的真实工作情境是复杂多样的，需要职业工作者具有适应性和创造性。以上职业实践整体标准中蕴含大量经验的、情境的、个人的、隐性的技巧、技能和智慧，只有亲身参与职业工作实践，浸润在实际职业实践情境中才会发现这些隐性知识。

（二）条件性知识：职业教学方法资源取向

条件性知识可以帮助教师实现“会教”，简单来讲就是教师知道学生应该怎么学。对于高职教师来讲，条件性知识包括职业教学知识、教学设计知识、职业课程知识等。

1. 职业教学知识

职业教学知识是指基于职业科学的专业教学理论，其目的是为专业教学过程的优化提供理论基础和实施方案，主要讨论教学的目标（为什么教）、内容（教什么）、方法（怎么教）、媒体（用什么教）。这种知识有别于普通高校教

---

① Zhao Zhiqun, Felix Rauner and Ursel Hauschildt(eds.), *Assuring the Acquisition of Expertise:Apprenticeship in the Modern Economy* (Beijing:Foreign Language Teaching and Research Press,2011),p.27.

② 沃尔特·G. 文森蒂：《工程师知道什么以及他们是如何知道的——基于航空史的分析研究》，周燕、闫坤如、彭纪南译，浙江大学出版社，2015，第165页。

师的专业教学知识，它以职业为起点，有利于重要职业能力的培养。[①]职业教学知识具体包括职业教育的目标、功能定位、人才培养方式、教学模式、教育哲学、教育历史等陈述性知识和职业教学设计、职业课程体系、课堂管理、教学评估等程序性知识。

（1）关于教学目标的知识。教学目标指教学所要达到的预期结果。高等职业教育围绕职业工作开展教学，带有浓郁的实践特征，教学目标也具有特殊性与复杂性。高职教师应该具备关于设计教学目标的知识才能做出正确的教学决策，才能为高等职业教育掌舵起航。由于教学活动类型不同，教学目标也有所不同。高等职业教育教学活动分为三种类型，即理论教学、技能训练、综合实训。理论教学是教授理论知识的教学活动；技能训练是以高职学生掌握单项技能为目的的教学活动；综合实训是通过真实的综合项目对高职学生进行综合性训练的教学活动。

高职教师应该熟悉关于教学目标分类的教育知识。在各种教学目标分类中，霍恩斯坦（Hauenstein）的教学目标分类更适合职业教育教学。他将教学目标分为认知领域、情感领域、动作技能领域和行为领域。对于理论教学而言，某个专业的基础课程，如电气工程自动化专业的“电子技术基础”、管理类专业的“现代企业管理”、艺术设计类专业的“艺术文化史”等，其教学目标体现在学生认知领域层面，即形成对相关专业概念的理解和对专业理论的应用与评价。对于职业技能的训练教学而言，其教学目标是通过练习获得从事某种职业所需的在实践中运用知识的能力，如电气工程自动化专业的“电工实训”、管理类专业的“市场调研实训”、艺术设计类专业的“产品设计训练”等，其教学目标体现在动作技能领域，旨在让学生熟练掌握某项单一技能，通过模仿—纠错—练习形成自动化程度高的动作操作技能。对于综合实训项目的教学而言，要综合训练学生对职业领域的态度、情感和职业胜任行动能力。

（2）关于教学模式的知识。教学模式是指依据一定的教学思想，对影响教学目标的若干元素进行组合。[②]工学结合是高等职业教育层面的基本教学模式。所谓“工学结合”，是指“学生学习过程与工作过程的有机结合”[③]。美国东北

① 姜大源：《职业科学辨析》，《高等工程教育研究》2015年第5期。

② 中国就业培训技术指导中心：《职业课程——职业技能课程的开发理论与实务》，北京师范大学出版社，2010，第106页。

③ 柴福洪、陈年友：《高等职业教育名词研究》，高等教育出版社，2014，第11页。

大学认为，工学结合包括理论学习＋职业技能训练＋实际工作经历。[①]行动导向教学是高职院校层面常见的教学模式和方法，强调以职业工作情境为中心，设置有目标的活动——行动。“行动导向”教学模式又称“教学做结合”或“职业活动导向”教学模式，是高职教育的基本教学模式。[②]在行动导向的教学中，学生是学习的行动主体，以职业情境中的行动能力为目标，强调学生自我建构的学习过程。以职业胜任的专业能力、方法能力和社会能力为教学目标，强调做人做事的行为规范和价值观念，强调专门技能和专业知识的掌握与训练，强调学会工作的科学思维和知识能力结构。采用项目教学法、案例教学法、仿真教学法、角色扮演教学法等多种教学方法，教学场所也由传统的单功能专业教室向多功能的一体化专业教室转换，教师可通过场所的布置灵活地开展理论教学、小组讨论、实验验证和实际操作。

2. 教学设计知识

教学设计是指解决教学问题的系统方法，其目的是追求教学效果的最优化。教学设计包括分析、设计、制定、开发、实施、评价、修改教学问题解决方案的全过程。[③]教学设计过程由学习需要的分析、教学内容分析、教学对象分析、学习目标的编写、教学策略设计、教学媒体的选择和教学评价组成。教学设计是一种实践过程，是教师将教学理论和学习理论转化为实际的教学实践的过程。高职教师应该掌握教学设计的必要知识，如教学设计时可用的模式、教学设计的具体步骤和环节等。

（1）适用于高等职业教育的教学设计模式。高等职业教育教学的知识体系、教学组织方式均有别于普通高等教育。普通高等教育以学科体系为主，按照知识的相关性排序；高等职业教育以工作体系为主，按照知识的程序排序。[④]突出高职教育的职业实践性和高等教育性，深化学科理论知识与职业行动知识的融合，是高等职业教育教学设计中要特别关注的。要尊重高等职业教育教学规律，理解实践技术学习的差异性，针对技能形成规律和职业成长特点，体现边做边学、注重差错和错误在学习中的作用，并允许差错的出现，使学生掌握

① 柴福洪、陈年友：《高等职业教育名词研究》，高等教育出版社，2014，第13页。

② 同上书，第301页。

③ 钟志贤：《面向知识时代的教学设计框架》，《电化教育研究》2004年第10期。

④ 徐国庆：《职业教育课程的学科话语与实践话语》，《教育研究》2007年第1期。

职业技能，获得自我发展的能力。[①] 联合国教科文组织、世界银行、国际劳工组织强调职业教育与培训应该具有适应性、灵活性和能动性，目的是让学习者获得能成功应对各种不确定性的能力。[②]2009 年 3 月，经济合作与发展组织出版了《为了工作而学习：经合组织职业教育评论》，明确指出职业教育的目标为“以可迁移的技能为基础，满足职业生涯的流动和发展的需要”，职业教育的内容选择要“反映迅速变化的企业需求”，职业教育师资要“不断更新产业经验，提升职业能力和教学能力”。行动导向是高职教学的实施原则，建构理论是高职课程开发的教育理论基础，校企合作是高职教学实施的形式。高职教育应以培养问题综合解决能力为目标，采取先进的教学设计理念和模式设计教学活动。

例如，综合学习设计是近期发展的培养解决问题综合能力的一种教学设计方式。综合学习设计从任务的选取（任务种类的设计）、排序（先简单后复杂的任务排序）、学习的顺序（先整体后局部）、支持力度的掌握、技能群的择练、角度的变式（不同角度、局部与整体）、技能分解知识和能力（技能分解与技能之间的关系）、学业目标的设定（多元化的演变）、分辨再生性技能与创生性技能等方面入手，提供所需的智能扶持：创生技能需提供认知策略和心理模式的重要信息；再生技能需提供既定的认知规则和前提知识等信息，为学习者提供清晰的评价标准（最低标准、态度、价值观）和灵活的可发展性的评估形式。

（2）教学设计的具体步骤和环节。高等职业教育教学的复杂性体现在知识可教性的转化，需要将学科知识转化为工作过程的学科知识，选择工作中必须用的知识和工作中学不到的知识，把握学习者获取工作胜任力的学习规律，区分独立于情境与具体情境化的知识，通过概念解析、实践实习、模拟模仿、项目任务等方式，将相关内容转化为可教的知识。高职教师要用知识培养学生，而非单纯传递知识，以使学生获得胜任能力。

第一，熟悉教学内容设计知识。甄别职业知识中的垂直话语知识和水平话语知识相当重要，应创造教育环境和教学条件，帮助学习者获取不同类型的知识。一般将职业实践视为水平话语的一种，职业工作场所的知识具有情境依赖性，具有大量隐性知识，可使学习者在实际工作中灵活应对、随时处理突发

① 沃尔特·G. 文森蒂：《工程师知道什么以及他们是如何知道的——基于航空史的分析研究》，周燕、闫坤如、彭纪南译，浙江大学出版社，2015，第 9 页。

② 姜大源：《当代世界职业教育发展趋势研究》，电子工业出版社，2012，第 168-169 页。

问题，不遵循明确的规则与秩序。学科知识则被视为垂直话语的知识，是可编码的知识体，遵循再情境化原则，即某一立论所依据的清晰规则。垂直话语知识可以采用再情境化的方式将抽象干瘪的理论具象化、情境化，利于学习者吸收、理解；水平话语知识则需要学习者自身投入工作场所并体悟其中的隐性知识。

第二，熟悉实践情境的设计。实践的情境性、具身性、不确定性特征决定主体获得的实践性知识是一种适应性应对。在教学中，教师应结合不同班级、不同个性的学生情况，根据教学内容，设计教学情境，使学生更好地理解和掌握知识与技能。

第三，明确教学评估的设计。改善迭代性是指教学过程中教师依据教学效果，反复多次改进教学环节，缩小实际教学效果与预期效果的差距。迭代改善要求高职有效教学的过程依据学生具体状况主动调整，按照所呈现的教学问题进行有针对性的改善。任何教学过程都不是一劳永逸的，针对不同学生的教学方式和教学手段应该不同，甚至教学内容也应该有针对性地进行调整。学生个体能力的形成具有差异性，高职教师应该充分理解个体的差异性，并依据学生发展目标对个体的实际问题进行实质性指导，使学生个体在学习过程中积累能力，最终达到高职学生自我发展的要求。

3. 职业课程知识

课程是实现教育目标的重要载体。因缺少现成适合的课程，高等职业教育教师需要具备开发职业课程知识的能力。按照世界职教发达国家的普遍做法，开发课程知识需要从相关岗位或职业分析入手，调查并确定这些岗位或职业所需要的知识点、技能点以及对工作态度的要求，再根据职业情境和职业能力，特别是根据工作任务与工作过程的同一性原则，对其共同点进行归纳。美国学者舒尔曼和格罗斯曼等在分析教师的知识结构时也提到了课程知识。[①] 具体来说，课程知识包括以下几方面。

（1）课程资源开发的知识。高职教师的课程知识是为有效教学服务的。高职教学要求采取行动导向、理实一体、任务教学等组织方式，但现有的课程教材内容并不适合。另外，很多专业属于新建专业，人才培养方案中课程是依据职业工作任务开设的，现实中找不到与新课程相匹配的教材，只能靠高职教师编写校本讲义来替代。因此，高职教师应该具备课程设计、教材讲义编写、职

---

① Lee Shulman, “Knowledge and Teaching:Foundations of the New Reform,” *Harvard Educational Review* 57,no.1（1987）:4.

业工作任务分析、课程间的衔接等相关知识。美国职业教育教师通常通过教学表单——信息单（教学内容材料和补充）和作业单（要求学生完成任务活动的表单）这种资源和工具进行教学。[①]教学表单通常分为课堂用表单和实训中心用表单。其中，实训中心用表单包括技能操作表单、工作程序表单和工作计划表单。这些表单工具有利于梳理教授的信息和规范学生的行动技能。

（2）课程内容重构的知识。学科中心课程观强调“科学世界”的系统性，严格按照学科逻辑构建课程体系。职业教育课程在本质上要彰显职业人的生命特性——职业性，即课程目标的选择与课程教学的组织都要遵循职业（能力）的发展规律。职业性是以工作实践需要为核心的，它超越了学科知识的分割性，强调“工作世界”的整体性与知识应用的综合性。[②]无论高职教师所教授的知识还是高职教师所具备的知识，都具有明显的实践性。围绕活动“职业行动”这一中心目标，相关的技能以及理论知识都是从属于“职业行动”的附属物。高职教育最终以“会不会”“能不能”作为最终的衡量标准，而非以具体技能、知识等内容作为考量。

（3）工作任务分析知识。高职教师需要确定课程目标，熟知课程类型，选择课程内容，实施系统课程，评价教学成果。同时，应该熟知现代职业教育的课程开发知识，明了整体的、过程导向的职业分析过程，熟悉职业发展的心理规律，将职业分析、工作分析、行为结构分析、企业生产（或经营）过程分析、职业资格分析、个人发展目标和教学分析融合在一起。[③]要解决培养怎样的能力的问题，课程内容就应该涉及与职业工作相关的各种情境和各种技术等，课程建设就要与工作结构联系起来，重建知识的情境特征，实现知识的实践意义，彰显知识的价值。[④]按照复杂程度将职业所需要的专业知识分解为工作任务单元，再以工作任务的形式重构，形成以工作过程为中心的专业课程体系，并通过层级设定使课程体系呈现出梯状递进态势。

（4）课程内容的选择和序化知识。课程内容的选择和序化要与社会发展对复合型人才的要求相匹配。从教育哲学的意义上看，序化的概念建立在反思的

---

① 徐国庆：《美国职业教育教师培训内容研究——以俄亥俄州为例》，《外国教育研究》2012年第6期。

② 吴婷琳：《现代职业教育课程体系建构的路径选择》，《江苏高教》2020年第5期。

③ 赵志群、赵丹丹、弭晓英：《我国职业教育课程改革理论与实践回顾》，《教育发展研究》2005年第15期。

④ 张良：《核心素养的生成：以知识观重建为路径》，《教育研究》2019年第9期。

基础之上，序化建立了事物间的关系并指明了其内在的关联。[①]从课程整合的内容来看，我国职业教育的课程改革呈现出从单一的知识性融合到集知识与能力、过程与方法、态度与情感等于一体的多元性融合趋势。[②]由实践情境构成的、以过程逻辑为中心的行动体系强调获取自我建构的隐性知识——过程性知识，主要解决“怎么做”（经验）和“怎么做更好”（策略）的问题。职业教育课程应以从业中实际应用的经验和策略的习得为主、以适度够用的概念和原理的理解为辅，即以过程性知识为主、陈述性知识为辅。

（三）实践性知识：高职教学实践行动取向

舍恩、波兰尼、康纳利和克莱迪宁等学者认为，教师教学的知识具有高度个人特征，具备整体性和情境性的特点，教师知识是实践取向的“默会知识”[③]。20世纪70年代，舍恩通过对校长和教师的研究，提出了“反思性实践者”这一专有名词。舍恩认为，教师是实践反思者，在教学实践中表现出对教学实践的反思，在亲身实践和连续学习理论中逐步找到自己的“使用理论”，并形成独具特色的理念。他认为，教师的知识是动态发展的、不断创生的，是在行动中获得的知识。波兰尼将这种无法用语言表征、被感知的知识称为“缄默知识”。康纳利和克莱迪宁则将教师知识视为整体，称之为“实践性知识”。随着人们对教师实践性知识的重视，我国学术界对教师实践性知识的研究越来越多，以陈向明为代表的学者将教师实践性知识视为与教学最紧密的教师知识，是教师专业发展的知识基础，包括教师的教育信念、自我知识、人际知识、情境知识、策略性知识和批判反思知识。[④]综上，有效教学中教师不仅应该具备显性的内容取向知识，还应该具备隐性的实践取向知识。

从个体来讲，高职教师在教学实践中要形成大量信念、策略、经验和反思，这些在胜任教学工作中起着关键作用。教学工作属于专业度高的实践性的复杂工作，因所教内容不同需要不同教学方法，也因面对不同学生而要采用不同的教学策略，还因为教学理念的差异导致教师教学风格的不同。高职教师所面对的学生、秉持的教学理念、课堂教学的目标均与普通高校有所不同，开展

---

① 姜大源：《学科体系的解构与行动体系的重构——职业教育课程内容序化的教育学解读》，《教育研究》2005年第8期。

② 陈鹏：《职业教育课程整合：嬗变、经验与反思——学术性与职业性融合的视角》，《江苏高教》2004年第5期。

③ 邹斌、陈向明：《教师知识概念的溯源》，《课程·教材·教法》2005年第6期。

④ 陈向明：《实践性知识：教师专业发展的知识基础》，《北京大学教育评论》2003年第1期。

有效教学需要高职教师具备一定的高职教育教学实践经历和经验，也就是说，高职教师胜任高职教学需要大量实践性知识。

1. 高职教育信念

信念是高等教育的基本要素之一。信念是人们坚信某种认识的正确性，自觉地评价和规范自己行为的内部决定力量，是认知、情感和意志的有机统一体，是一种综合、稳定而持久的心理品质。如果说“知不知”是认知领域研究的问题，“愿不愿”是情感领域研究的问题，那么“信不信”属于信念领域研究的问题。信念的功能在于使人把握思想和行动的有效原则或目标，是思想和行动中被恪守的东西。教育信念与教师行为息息相关，关系着教育理念的形成。

（1）对整个高等职业教育的信心。教师的教育信念是教师在教育教学过程中所形成的对教育事业、教育理论、教育主张、教育价值的确认和信奉，伴随着对教育强烈热爱的情感和奉献以及对教育事业坚定不移的意志。高等职业教育信念是教师对高等职业教育的本质特征的理解，包括教师个体对教育目标、教育价值的坚守以及对教育实践规则的树立，具体表现为高职教师对怎样才算是“好”的高等职业教育以及学生应该接受怎样的高等职业教育的理解。就像广东岭南职业技术学院俞仲文院长所言：“高进高出，是名牌，那是北大、清华的任务；……低进高出，是品牌，是最令人尊重的。高职院校承担的就是低进高出的任务。”①

对高等职业教育的信心、对高职学生的期望通过教师教育信念在教师实践中得以实现和表现。随着产业经济的发展，高等职业教育的目标转向培养能主动地、负责任地、创造性地工作，且具有适应新技术的开放的心智结构的工人。②在这个教育目标之下，高职教师应该调整原有对高职教育的定位和目标，转向高级别的育人理念，从而调整教学内容和方式。同时，高职教师要树立教学内容动态更新的理念，在持续学习中丰富自己的知识。

（2）对教师个体发展的信念。从人的发展角度来说，情感的作用是巨大的。无数次生命的感动给予人们向前的动力和勇气。情感是潜能的源泉，就像日本哲学家西田几多郎所论述的：“知识和爱是同样的心智活动。要了解一件事情，我们必须爱这件事情；要爱一件事情，我们必须了解这件事情。”他还说：

---

① 黄达人：《高职的前程》，商务印书馆，2014，第23页。

② 徐国庆：《职业教育课程论》，华东师范大学出版社，2008，第183页。

“爱是我们掌控最终现实的力量，是对事物最深的领悟。”[①]

（3）教育教学的观念。高职教师应该强化教书育人、德技并修的人才培养观。高职教师应该熟悉高等职业教育的特点和职业人才的培养规律，以培养复合型技术技能人才为目标，创设职业实践学习情境，明确“为国育才、为党育人”的理念，以立德树人为根本任务，明确德技并修的人才培养观。

高职教师应该明确校企合作、工学结合的开放教学观。打破课堂教学的空间界限，无论是教室抑或寝室，无论是操场抑或实训室，无论是学校抑或社会，都应是开展教学工作的场所，吸引更多的行业、企业专家参与教学活动，引进企业真实项目和任务设计教学内容，不断提高高职教师自身的技术服务和社会服务能力，推动学生参与行业、企业生产和社会调查，积极参与到行业、企业的技术开发与技能指导中去，以实现高职教学的社会开放性。

教育信念是教师的生命，有了这个信念才能产生坚韧不拔的毅力和无穷的力量。每位教师都有自己的教育信念，这个信念来自自己的生活，并改变着自己的生活，总体上充满了价值判断，而且通常暗示了教学中的努力方向。另外，这个信念常常受到求学时代的经历的影响，有经验的教师还受到自身工作经历和家庭经历的影响。教学价值和实践规则在教育信念形成中逐步确立。其中，实践规则是对人们在经常遭遇的特殊的实践情境中该做什么和如何做的简洁的、清晰的陈述，是高职理论和实践教学中的决策依据，是在实践反思中生成实践性知识的“加速器”“催化剂”。

2. 学习者知识

学习者知识是指教师对学习者特点和学习特征的认识，具体包括以下几方面。

（1）学习者特征的知识。学生的特点和个性具有其所属的时代特征。学生与教师往往有一定的年龄差距，因此师生之间存在代沟是必然的。教师与学生存在着世代鸿沟，社会学家常常说X世代是指出生在1965—1980年的人；Y世代是指出生在1980—1995年的人；1995—2010年出生的人则被称为Z世代。[②]Z世代的人不能想象信息圈以外的世界，戏剧化一点来说，信息圈正在逐渐吞噬除了其本身以外的其他现实生活。[③]X世代的一些人仍然将信息圈当作一个可以登录和

① 奥托·夏莫：《U型理论》，邱昭良、王庆娟译，中国人民大学出版社，2011，第77页。

② 卢西亚诺·弗洛里迪：《第四次革命：人工智能如何重塑人类现实》，王文革译，浙江人民出版社，2016，第49页。

③ 同上书，第50页。

退出的空间。[①] 美国教育测试中心开发的教师培训标准中，将“熟悉学生背景知识或经验”作为一条重要的项目内容。[②]1996 年美国出版的《贫穷的本质》一书中提出一个观点，即来自贫穷家庭的学生表现与来自中产阶层和富裕阶层的学生相比存在很大差异，建议学校采取针对来自贫穷家庭学生的特殊教学方法。[③]

（2）人际交往知识。Rupert Maclean 在“高等职业教育师资培训国际合作计划研讨会”上表示，职业教育师资最关键的一点应当是教师胜任教与学互动的能力，但从 Rupert Maclean 走过的国家看，这方面还有许多问题。[④] 从 Rupert Maclean 对职业教育师资的经验判断来看，开展高等职业教育教学必备的条件性知识必有特殊之处，必须适用职业领域的理论和实践教学。学习者的特征也是教师知识建构的必需，教师的知识结构必须随着学习者特征的变化而发生相应的变化，通过高职教学系统中的各种变量（教学投入变量和学习投入变量等）对高职学生产生有效影响。高等职业教育“有效教学”是高职教师根据系统反馈能动调节教学变量，持续对学生发展主动性产生影响的改善过程。正像托马斯·内格尔在《人的问题》中所描述的那样：“我们的处境荒诞性并非产生于我们的期望与世界之间的冲突，而是产生于我们自己内心的冲突。”[⑤]

高职学生往往对学业缺乏自信，在基础教育阶段没有很好地发展抽象思维，以至于抽象概念的理解能力差，自律性差，鉴于此，高职教师在授课过程中很难将精力集中于所讲知识，课堂调动和管理占据了课堂大量时间。[⑥] 德茨在一项研究中发现，低阶层学校教师用于实际上课的时间只有中阶层学校教师的一半。原因显而易见，他们的大部分时间都用在处理各种各样的课堂问题上了。[⑦] 有学者提出将教师教学过程中知识、能力、人格三者进行有机整合，认为知识、能力、审美、人格是不可分割的整体结构，具体包括系统的专业知识，讲授演示的能力，人文艺术的修养，集社会交往能力的系统性、实用性、

① 卢西亚诺·弗洛里迪：《第四次革命：人工智能如何重塑人类现实》，王文革译，浙江人民出版社，2016，第 53 页。

② 徐国庆：《美国职业教育教师培训内容研究——以俄亥俄州为例》，《外国教育研究》2012 年第 6 期。

③ 同上。

④ 薛君彦、牛晓霞：《对高职师资培训的思考》，《中国成人教育》2008 年第 2 期。

⑤ 托马斯·内格尔：《人的问题》，万以译，上海译文出版社，2014，第 13 页。

⑥ 庄西真：《职业学校的学与教》，知识产权出版社，2015，第 49 页。

⑦ 丹尼尔·U. 莱文、瑞依娜·F. 莱文：《教育社会学（第九版）》，郭锋、黄雯、郭菲译，中国人民大学出版社，2010，第 215 页。

情感性、交往性于一体的专业素质结构。[①]情感性、交往性的知识对高职教师来讲是上好课的前提。凯兴斯泰纳的《教育者的灵魂与教师培训的问题》专门论述了教师的作用和如何做合格教师的问题。真正的教育者必须深入学生——不仅仅参与到学生的活动中，更重要的是走进学生的心灵。[②]

（3）关于学习的知识。很多已经适应高职教学多年的教师感慨："做高职教师不易，教好高职学生更不易。高职教学首要的任务就是教给学生如何做人，然后才是做事。"借用《教师的哲学》中的一段话说明高职学生目前的状态："他们被要求去做什么、何时做和为何做都不在他们控制之内。他们制作或书写的不是他们自己的，实际上大都是被用来评定他们的。因此，他们的工作以一种客观化的形式产出，又以一种客观化的形式回报给他们，像记号，或者在某些时候甚至是惩罚。即使工作得到了表扬，学生仍然不是把他们的工作、他们的学习理解为实践，而是一种达到目的的手段。也许是为了得到表扬，或者是为了避免遭遇失败或者惩罚的尴尬。"[③]教师违反学习者特征的教学控制反而成为学生的一种疏离和懈怠，只有充分运用关于学习者的知识，从教师的教转换为学生的学，帮助高职学生建构知识，让他们学会主动学习，才能实现高等职业教育有效教学。

高等职业教育主要培养的是技术技能人才，因此关于技术技能的教学知识是高职教师需要重点掌握的。技术技能知识具有可教性。可教性体现在教的内容和形式、学习的问题两个方面：可教的内容和形式体现在职业工作的典型任务和在完成任务中最常用的工具、方法、标准、规则等的解释、演示、图解、例证和类比等，以及按照职业任务流程组织教学等方面；学习的问题体现在不同性格和认知背景的学生在对某一技术和技能知识的学习中容易产生困难的内容与原因。

3. 教学情境知识

情境可以在特定架构内形塑个体的行为和发展，是一个多种社会力量的组合体。[④]教学情境是指教师在教学过程中创设的情感氛围。知识社会学认为，不

---

① 查有梁：《50 年教学和研究之经验（第二版）》，西南师范大学出版社，2016，第 168 页。

② 徐平利：《职业教育的历史逻辑和哲学基础（第一版）》，广西师范大学出版社，2010，第 284 页。

③ 尼格尔·塔布斯：《教师的哲学》，王红艳译，山东教育出版社，2014，第 79 页。

④ Roberta R. Greene, *Human Behavior Theory and Social Work Practice* (New York:Aldine De Gruyter,1991),pp.172-178.

管什么样的知识都是在社会情境中被发展、传播和维持的。[①]高职教师的教学情境知识一般是教师在课堂教学中依据具体情境做出瞬间判断和迅速决定的自然展现。它依赖教师对情境的敏感性、经验的积累、思维的判断，对学生的感知以及深植于内心的教育信念、价值观等。

高职教师要想实现有效教学，就必须特别关注教学情境知识的生成过程。高职学生生源质量有目共睹，因此高职教师的教学更具有挑战性。高职教师只有对学生特性和教学情境有充分的了解才能胜任高职教学工作，才能更好地培养学生。高职课堂教学要求具有不同认知水平的学生融入具体职业情境中反复进行技能训练。学生性格、知识水平的差异和复杂多变的职业情境导致了更为复杂的教学情境，高职教师对学生特性和教学情境的认知水平影响着教学实效性。教师依靠教学实践积累的经验，通过直觉、灵感、顿悟和想象力在现场教学中即兴发挥，关注到每一名学生，掌控课堂教学。教师和技术人员都会在实践中遇到这样的情境性问题：面对不熟悉的情境与不完全、不确定的信息时，通常需要在实践中传授知识。[②]不完全、不确定的信息是指高职学生的具体学习数据的不确定、高职学生发展数据的不确定以及纷繁复杂的专业知识的实践性情境的不完全性等。

高职教师的教学情境具有复杂性，体现在课堂管理和缄默性的教学内容上。波兰尼指出："所有知识要么是缄默的，要么根源于缄默认识之中。"[③]所谓缄默认识，是指从附属物到中心目标"由此及彼的认识"[④]。

4. 学科教学知识

学科教学知识（pedagogical content knowledge，PCK）被视为教师个人独一无二的教学经验，即教师能够结合学生的需求将对学科教学内容的理解转换成教学实践。学科教学知识最能区分学科专家与教育专家、高成效教师与低成效教师之间的差别。[⑤]学科教学知识对学科知识进行"教育学转化"和"生本

---

① 彼得·L.伯格、托马斯·卢克曼：《知识社会学论纲》，吴肃然译，北京大学出版社，2019，第6页。

② 沃尔特·G.文森蒂：《工程师知道什么以及他们是如何知道的——基于航空史的分析研究》，周燕、闫坤如、彭纪南译，浙江大学出版社，2015，第19页。

③ 波兰尼：《缄默的认识》，载瞿葆奎《教育学文集（第六卷）》，人民教育出版社，1991，第37页。

④ 同上书，第124页。

⑤ 冯拙、曲铁华：《从PCK到PCKg：教师专业发展的新转向》，《外国教育研究》2006年第12期。

化表达”，是教师专业化必备的知识要素。[①]1986 年，斯坦福大学教授舒尔曼（Shulman）提出 PCK 概念，他认为高质量的教学需要复杂的专业知识，PCK 是使学生能够理解主题所需要的知识。“教师将自己所掌握的学科知识转化成学生易理解的形式的知识，教师通过使用类比、说明、举例、解释、示范等来呈现学科内容，了解学生理解的难易点。”[②]舒尔曼认为，PCK 超越了学科知识本身，体现了学科内容的可教性。随着 PCK 理论的不断发展，有学者在科学、数学、社会科学、英语、体育、传播学、宗教、化学、工程、音乐、特殊教育、英语语言学习、高等教育等领域进行研究，普遍认为 PCK 是知识融合（Marks，1990；Magnusson et al.，1999；Henze et al.，2008），而非各类成分的简单罗列。因此，PCK 来自教学实践，不是单一知识的组合，而是经过整合的综合性知识。

已有 PCK 研究中的构成维度是确定的，即体现出教学、学生和内容三个维度的知识，是教学方法、资源、策略、学生等教学要素的融合。格鲁斯曼提出了 PCK 的四个组成部分：关于学科教学目的的知识；学生对某一主题理解和误解的知识；课程和教材的知识；教学策略的知识及教学专题的表述。[③]马格努森针对科学学科定义了 PCK 的五个组成部分：关于教学定位的知识；关于课程的知识；关于学生理解特定主题的知识；关于评估的知识；关于教学策略的知识。洛克伦认为，PCK 由三种成分构成：对教学内容理解的学科内容知识；对学生学习理解的学生知识；对教学策略和教学方法理解的知识。[④]高职教师 PCK 是教师在教学实践中对内容知识、教学知识和学生知识三个维度的融合和相互作用的结果。

本研究将高职教师 PCK 分为学生与内容知识、内容与教学知识、学生与教学知识。

（1）学生与内容知识。学生与内容知识是指高职教师在教学中对学生与内容的知识整合，包括高职教师对学生内容理解的认知、对学生掌握内容的要求和目标、对学生内容学习的评价维度和方法、对学生应该学什么内容的信念。

---

① 周彬：《学科教育专业化：知识基础和行动路径》，《教育研究》2019 年第 3 期。

② Lee Shulman, “Those who understand: Knowledge growth in teaching,” *Educational Researcher* 15, no.2（1986）：4–14.

③ Pamela L. Grossman, *The making of a teacher: Teacher knowledge and teacher education* (New York:Teachers College Press,1990),p.45.

④ 张小菊、王祖浩：《学科教学知识的结构化——叙事表征》，《外国教育研究》2014 年第 3 期。

（2）内容与教学知识。内容与教学知识是指高职教师对教学内容与教学方法和策略的知识融合，包括内容教学的组织和排列、具体主题的教学方法、关于特定内容的教学表达、高职教师对用什么策略教什么内容的信念。

（3）学生与教学知识。学生与教学知识是指学生知识与教学策略知识的融合，包括适合学生学习特点的教学方式、符合学生兴趣及个体特点的教学策略、激发特定学生的教学手段、高职教师对用什么策略教什么学生的信念。

PCK 的构成成分表如表 2-1 所示。

表 2-1 PCK 的构成成分表

PCK 组成部分	具体细项
学生与内容知识（SCK）	对学生内容理解的认知 对学生掌握内容的要求和目标 对学生内容学习的评价维度和方法 对学生应该学什么内容的信念
内容与教学知识（CPK）	内容教学的组织与排列 具体主题的教学方法 关于特定内容的教学表达 教师对用什么策略教什么内容的信念
学生与教学知识（SPK）	适合学生学习特点的教学方式 符合学生兴趣及个体特点的教学策略 激发特定学生的教学手段 教师对用什么策略教什么学生的信念

（四）价值性知识：教师道德与工匠精神取向

价值性知识涉及人的思想、情感、态度和价值观，是关于功能和意义的知识。对于高职教师来讲，价值性知识主要体现在职业道德和精神层面，包括教师职业道德规范、工匠精神和职业领域的职业道德规范。

1. 教师职业道德规范

高职教师要遵守教师的职业道德规范，同时要遵循高校教师的职业行为准则。2018 年 11 月，教育部颁布了《新时代高校教师职业行为十项准则》，从坚定政治方向、自觉爱国守法、传播优秀文化、潜心教书育人、关心爱护学生、坚持言行雅正、遵守学术规范、秉持公平诚信、坚守廉洁自律、积极奉献

社会十项准则开展高校教师的师德师风建设工作。[①]遵守教师职业道德规范对促进教师成长起着重要作用。这里的教师职业道德规范不仅包括外部环境对教师的政策规范和约束，还包括教师自身对自我职业道德素养的要求。

2. 工匠精神

自 2016 年工匠精神被写入政府工作报告以来，其精益求精、专注创新的精神内核成为高等职业教育人才培养的重要内容。作为工匠之师的高职教师应具备工匠精神，并将其作为大国工匠、能工巧匠的必备素质一代代传承下去。工匠精神是高职教师成为工匠之师必备的要素，也是人才培养过程中非常重要的内容。

3. 职业领域的职业道德规范

高职教师具备职业和教育领域的双重知识。教师不仅需要遵守教师职业道德规范，还需要遵守所教高职专业的相关职业工作的道德规范。比如，讲授数据分析的教师应该遵守数据分析员的职业道德和行为规范，持有保证数据真实、客观、科学的职业态度；讲授汽车维修与服务的教师应该懂得汽车维修岗位的职业操守和道德底线。价值性知识内嵌于高职教师教学工作和职业实践中，体现在高职教师对教学、职业实践的态度、情感和行动中。价值性知识是高职教师与普通高校教师知识区分的重要内容，也是高职院校培养高素质技术技能人才的标志性知识。

① 教育部：《教育部关于印发〈新时代高校教师职业行为十项准则〉〈新时代中小学教师职业行为十项准则〉〈新时代幼儿园教师职业行为十项准则〉的通知》，http://www.moe.gov.cn/srcsite/A10/s7002/201811/t20181115_354921.html，访问日期：2020 年 12 月 25 日。

第三章　专长哲学视域下高职教师知识的应用形态

我们不需要那些通晓所有正确程序、墨守成规的专家，但是欢迎那些适应能力强的专家，他们能够把基本的原则运用于所有的情况和他们可能遇到的学生身上，认识到什么时候创新是可能的而且是必要的，认识到教学的“最佳方法”并不是唯一的。

——肯·贝恩《如何成为卓越的大学教师》①

不同知识观影响着学校教育的类型、课程内容、教学理念等，以哈里·柯林斯（Harry Collins）、休伯特·德雷福斯（Hubert Dreyfus）为代表的哲学分支——专长哲学（Philosophy of Expertise）为考察高职教师类型特征提供了思想养料。本书从体知合一知识观出发，从专长哲学的视角考察高职教师知识的特征，为理解高职教师知识提供了新的视角和维度。

一、体知合一：专长哲学的解释框架

知识观是人们对知识本质、来源、范围、标准、价值等的基本看法和见解，是人们关于知识问题的总体认识。②专长哲学是专门研究专长的哲学分

① 肯·贝恩：《如何成为卓越的大学教师（第2版）》，明廷雄、彭汉良译，北京大学出版社，2014，第167页。

② 王竹立：《新知识观：重塑面向智能时代的教与学》，《华东师范大学学报（教育科学版）》2019年第5期。

支，哲学家将其定位为学习、技能、知识和经验的交叉领域，建构了专长的哲学分析框架，将“专长”概念解读为包含胜任能力和专家意见在内的专家知识，探讨了专长与知识以及专长与专家的关系，把知识的概念从理性的单一构成升华到实践行动层面，打破了长期以来哲学对知识的片面认知。[①]英国卡迪夫大学社会科学系教授哈里·柯林斯和加利福尼亚大学伯克利分校哲学教授休伯特·德雷福斯为专长哲学的两个代表人物，他们分别讨论了科学专长和职业专长的问题。柯林斯强调科学实践领域的专长，提出了“科学研究的第三次浪潮”，即专长规范理论，强调专长作为分析者的范畴和行动者的范畴所发挥的作用。德雷福斯强调生活实践领域的职业专长，以现象学进路建构了专家技能获得模型，将专长从科学哲学的历史与心理的语境转向有身体认知与情感的普遍结构，特别强调“知道如何去做”的知识。[②]专长哲学家经过对专长从现象学和社会学等多角度的批判与讨论，提供了实践知识理论化的不同进路，他们认为专长可视为实践应用问题的重要概念工具，逐渐形成以下体知合一的知识观。

（一）专长解析：以理解为核心的领域性知识

专长（expertise）在《牛津英语词典》的意思是“skillfulness by virtue of possessing special knowledge”，翻译为专门技能、专门知识、专家意见。专长哲学认为“专长”是以特定领域知识为基础，以理解为核心发挥实用性效力的知识。“专长”不具有普遍的适用性，是针对领域问题能调用信息储备并形成正确答案的能力或倾向。[③]艾尔文·戈德曼将“专家”视为在本领域的主要问题和次要问题上都拥有非常渊博知识的人，认为他们同时拥有成功利用这些知识解答领域新问题的能力。拥有知识不一定拥有专长，但是要想拥有专长必须具备足够的领域知识。如果一个人在某个领域成为专家，那么他必然拥有目标域中的多数真理。哈里·柯林斯将专长的概念普遍化，认为这种知识根植于社会，既可以明显转化为符号，又具有一定的隐含特征。以现象学研究见长的专长哲学家德雷福斯强调生活实践领域的专长，他认为“专长的获得是一个潜移默化的社会过程”，所有的专长都会涉及无法说明的规则。专长哲学认为技能专长和认知专长的边界并不明确，专长并不完全拥有准确信息，其将专长视为

① 张帆：《当代专长哲学的兴起和趋势》，《哲学分析》2016年第12期。

② 伊万·塞林格、罗伯特·克里斯：《专长哲学》，成素梅、张帆、计海庆译，科学出版社，2015，第164页。

③ 同上书，第18页。

以知识为基础，可以调用或探索领域信息，以问题目标为导向，提出新问题并形成正确答案的一种能力或倾向。

哲学专长提出以理解为核心，具备专长的人要对相关领域做出全面理解，能够提供理论性解释。迈尔斯·本尼特（Miles Burnyeat）区分了知识与理解的不同之处，他认为知识可以是零散不系统的，但是理解总是包含着对已知事物之间的联结与关系的领会。[①] 史蒂夫·富勒则将理解称为被消化的知识，即“真知识”。专长哲学也因此将专长视为有力量的知识。史蒂夫·富勒将有力量的知识视为真知识，知识的力量来自实用性价值，随着理解的削弱，知识的实用性减少，从而失去知识力量。他主张纯粹的专长等同于真知识。[②] 柯林斯将专长的有力量引申至科学决策层面，认为处于核心层的科学家利用专长决定着领域的知识构成。由此可见，专长是以理解为核心的知识。

（二）实践专长：体知合一的实践性知识

一部分专长哲学家将能解决特定实践领域问题的人视为一类专家，称其具有实践专长。茱莉娅·安纳斯认为，实践专长是实践性知识，即关于如何行动的知识，是一般知识的典范。[③] 实践专长强调“专长”不局限于认识论，还具有显著的体知合一特征。德雷福斯对实践专长提出了“反柏拉图式”的解释，即专家的实践理解不是来自信念或理论承诺，而是来自获得的体知型技能。[④] 实践专长被理解为实践性知识，表现为具身参与实践中获得的整体性知识。哈里·柯林斯认为人人可能具备专长，是“能做什么（而不是你能计算什么或学到什么）的基础之上的某种实践”。他承认在科学实践过程中存在大量的隐性知识，并且只有通过具身参与到科学实践活动中才能获取这些隐性知识。实践专长的体知合一特征表现为认知结构和情感结构的合而为一，强调主动的身心投入，而不是被动的经验给予；强调“得心应手”的直觉判断，而不是简单看成非理性的产物；强调与世界的联系关系，而不是纯粹的内化整合。德雷福斯

① 伊万·塞林格、罗伯特·克里斯：《专长哲学》，成素梅、张帆、计海庆译，科学出版社，2015，第 93 页。

② 同上书，第 309 页。

③ 同上书，第 163 页。

④ 同上书，第 196 页。

说过:“成功的不断应对本身是一种知识。”[①] 他举例论证汽车驾驶者遇到的交通情境越多，其经验就越丰富，即胜任者可根据现实的复杂交通状况进行判断。

柯林斯将具身参与分为亲身实践和语言互动两种：亲身实践是指通过亲身实践获得“可贡献型专长”；语言互动是指通过与专家语言互动获得“互动型专长”。可贡献型专长是指拥有相对隐性的“知道如何做”的程序性知识，可以通过亲自实践为某领域科学事业做出贡献的专家知识；互动型专长是通过语言社会交互，拥有可显性表达的“知道是什么”的命题性知识。柯林斯认为互动型专长介于无专长和可贡献型专长之间，认为可贡献型专长更为难得。不管是可贡献型专长还是互动型专长，其可通过嵌入式的实践活动获取，亦可通过参加专家的社交活动获取。[②]

（三）获得模型：认知、情感、行动的融合

专长哲学认为专长是可传授的但需特殊训练的产物。休伯特·德雷福斯和他的兄弟为成年人如何获得专长技能提供了一种现象学的解释，建构了七个层次的获得模型。[③] 他们认为专长是建立在不变模式的基础之上的动态发展——学习者不仅经历认知转变和实践转变，还经历情感转变。[④] 德雷福斯认为“专长的获得是在生活方式中的一个潜移默化的社会过程”，同时给定了专长规范意义，即所有的专长都会涉及无法说明的规则，不管社会环境有多么紧迫，在任何一个领域，新手都不能超越规则来获得专家通过训练得出的直觉。[⑤] 他以医务人员、教师等人为例，从经验上论证了其结论。德雷福斯的贡献在于将传统科学的历史语境和心理学语境转向了体知型语境专长的形成过程。德雷福斯将情绪嵌入专长获取模型中，强调职业专长在操作技能、情感投入和个体风格三个维度的动态发展，经历了从规则到直觉的技能操作蜕变，从漠然到投入的情感转变，从普遍一般到个性独特的风格形成。他同时断言：“专长不可能在无

---

① Hubert L.Dreyfus, “Merleau-Ponty and Recent Cognitive Science,” in *The Skillful Coping: Essays on the phenomenology of everyday perception and action*, ed.Hubert L.Dreyfus (Oxford: Oxford ScholarshipOnline, 2014).

② 伊万·塞林格、罗伯特·克里斯：《专长哲学》，成素梅、张帆、计海庆译，科学出版社，2015，第 13 页。

③ 同上书，第 187 页。

④ 同上书，第 191 页。

⑤ 同上书，第 170-171 页。

身体的网络空间中获得。"[①]"只有情感化的、投入的、体知合一的人类，才能达到熟练和专家阶段。"[②]

德雷福斯强调专长的个体性和成长性，将普通职业专长分为新手、高级初学者、胜任者、熟练应对者、专家、大师和实践智慧者七个阶段。新手阶段，学习者依照指导者所给指令跟从学习，教师需要提供特定的学习情境，学生在这些特殊领域学着辨别特征，然后不断跟从指令练习和实践；高级初学者在一定情境经验的基础上试着学习新的要素，指导者扮演教练的角色，帮助学习者分辨和识别相关要素；胜任阶段，学习者所识别的要素和跟从的指令数量越来越庞大，产生越来越多的情感投入，能够依据具体情境决定何种方案或视角，但不能确定产生的结果是否恰当；熟练应对阶段，操作者拥有的规则和技能理论逐步被情境区分和应对能力替代，逐渐知道需要做什么；专家更易区分细微和准确的情境，具备强大的情境识别能力，能立刻明白如何做才能达到目标；大师阶段就是达到技能的最高水平并形成了自己的风格；最高阶段（也叫实践智慧阶段）是指人们通过模仿某个领域的专家获得技能，并获得某种属于自身文化的风格，获得在恰当的时间以恰当的方式做恰当的事情的普遍性能力。德雷福斯的七阶段模型表明技能从一无所知的跟从模仿到体知合一实践智慧的成长获得需要认知理解、情感投入和行动训练三方面的融合。

二、职业维度：向职业专长进化

高职教师知识具备成长性、适应性、有效性的特征。其中，成长性是高职教师知识最基本的特征，适应性和有效性都是建立在成长性基础之上的。成长性是指高职教师知识结构和数量上的增长变化，实现了高阶、有序、精细的结构调整；适应性是指高职教师知识具备随着自身具体工作情境变化而变化的协调特征；有效性是指高职教师知识具备能够满足高职教师工作情境的需求特征，能实现知识的使用价值。随着高职教师向专家型教师的成长，高职教师知识向职业专长进化，呈现出职业和教育两个领域的专长。

① 伊万·塞林格、罗伯特·克里斯：《专长哲学》，成素梅、张帆、计海庆译，科学出版社，2015，第164页。

② 同上书，第179页。

（一）知识状态：结构的改变

心理学界将“专长”视为专家拥有不同于常人或新手，且专属于某领域的一类特殊能力。对专长的研究旨在揭示各领域的知识或能力实质及其发展规律。① 高职教师职业专长特指高职教师解决某种职业领域实际问题的知识和特殊能力。职业专长作为高职教师本体性知识的一部分，其结构应该接近或达到职业领域的专家知识结构，并形成结构化的经验模式。

1. 职业领域知识从低阶向高阶的进步

高职教师知识进化是一种从低阶状态发展到高阶状态的过程。专家的知识除了以模式形式表征，还会呈现等级性结构特征。判断知识的低阶、高阶状态有两个标准：第一个标准是人类知识由低阶向高阶的发展，即从感性到理性的发展、从零散无序向系统有序的发展；第二个标准是从知识的适应性来讲的，这里的适应性不仅指适应当下的环境世界，还指一种对教育作用的反射呈现，更多的是从符合未来世界的发展需求的角度来衡量。每个状态代表知识的一个质性差异水平。也就是说，不同知识状态代表不同的知识结构，这种结构与知识在先前和之后的结构存在质性的非连续性。高职教师知识的低阶状态以感性知识为基础，是非结构化知识，从适应性标准来讲，未能满足社会职业发展的现实情境的需求；高职教师知识的高阶状态是一种精细的理性知识和感性知识的集合，是结构化知识和非结构化知识的综合，在不同情境中调取合适的知识，生成有价值的知识反哺知识结构，能满足社会职业发展的现实情境和未来情境的需求。高阶知识与低阶知识的差异主要体现在结构精细程度、是否易于迁移、是否动态生成、是否动态适应几个方面（表 3–1）。

表 3–1　职业领域知识发展的三种状态特征

状　态	结构精细程度	是否易于迁移	是否动态生成	是否动态适应
无序	零散	不易	否	否
有序	有结构	易于	是	否
有机	结构精良	易于	是	是

任何职业领域新手的知识与技能都是以彼此缺乏关联的形式存储的，随

① 胡谊、吴庆麟：《专长的心理学研究及其教育含义》，《华东师范大学学报（教育科学版）》2003 年第 4 期。

着技能的不断发展，联系松散的知识与技能之间逐渐建立内在联系，并形成组块。[①]高职教师职业领域知识按照从低阶到高阶分为无序知识、有序知识、有机知识。[②]第一层次是无序知识，又称混沌知识，这些知识几乎无构造可言，散落而繁杂，无系统性，各部分大都保持其固有的性质和作用。第二层次是有序知识，又称系统知识，它们的构造较为严密，而各组成部分的活动与作用完全受新构造的支配，不再保持原有的性质，停留在模仿教学、科研、社会服务层次。莱布尼茨认为，当今的学识丰富的机构就像一个大杂货店，店中虽然物品丰富，但是十分混乱和无序，而人们必须建立秩序。只有这样，所有的知识才会找到自己的位置。[③]第三层次是有机知识，知识构造更加严密，知识的结构受主体支配和协调，拥有这个层级知识的教师能够胜任高职教师的所有工作。

2. 职业领域知识从效率到创新的升华

从广义知识角度，专家具有专属于各领域的陈述性知识和程序性知识：陈述性知识是指组织化的学科知识；程序性知识是指自动化的基本技能和灵活应变的策略。关于专长的文献研究中开始区分“适应性专长”（adaptive expertise）和“常规性专长”（routine expertise）。[④]1982 年，日本认知科学家波多野谊余夫首次提出了一个新的概念——适应性专长。[⑤]1986 年，波多野谊余夫和他的同事对适应性专长和常规性专长进行了区分。他们认为适应性专长建立在常规性专长之上，它们的共同点是都具有在领域内无错误地完成标准任务的能力；它们的区别体现在面对非标准任务的情况下。他们指出具有适应性专长的个体比具有常规性专长的个体拥有更广泛而系统的知识。[⑥]适应性专长被称为双重能力。适应性专长不仅仅追求专业知识和技能的精熟程度，或满足于已有的知识和经验，更多的是不断突破已有知识和经验的束缚，拓展已有的

① 张学民、申继亮、林崇德：《国外教师教学专长发展的评价理论与方法》，《外国教育研究》2004 年第 7 期。

② 庄西真：《职业学校的学与教》，知识产权出版社，2015，第 26-27 页。

③ 盛国荣：《西方技术思想研究——一种基于西方哲学史的思考路径》，中国社会科学出版社，2011，第 115 页。

④ R. 基恩·索耶：《剑桥学习科学手册》，徐晓东译，教育科学出版社，2010，第 31 页。

⑤ 李洁、余红：《促进学生适应性专长发展的学习环境设计》，载张际平《计算机与教育：新技术、新媒体的教育应用与实践创新》，厦门大学出版社，2012，第 522 页。

⑥ Katerina Bohle Carbonell，Karen D.Könings,Mien Segers and Jeroen J.G.van Merriënboer，“Measuring adaptive expertise: development and validation of aninstrument，” *European Journal of Work and Organizational Psychology* 25，no.2（2016）：167-180.

专长，并在复杂的专业实践情境中灵活创建新的知识。[①] 国内学者王美在其博士论文中指出：适应性专长是适应性专家表现出区别于常规专家的知识、技能和倾向，通常表现为深度的概念性理解、在新情境中的适应性改变、学习新知乃至创建新知的倾向以及元认知。[②] 适应性专长是指个人在专业领域中擅长处理非代表性情况的能力。[③]《剑桥学习科学手册》中将“adaptive expertise”翻译成适应性专门知识，包括支持持续学习、即兴创作和自主扩充的专业知识。[④]

如果高职教师在特定职业领域具备了适应性专长，就表示教师在职业领域得到了认可，即对职业领域的典型工作任务非常熟悉，不仅在职业实践中具有很高的效率，还能在遇到职业实践的新情境时迅速发现问题，快速找到解决问题的方法。

（二）获取路径：刻意的训练

专长哲学认为“专家”是指被广泛认为能够对某个相关问题或事情做出可靠的专业性分析或判断的人。德雷福斯就职业领域获取专长的途径进行了研究，认为获取技能的每个阶段都需要刻意练习。美国著名心理学家安德斯·艾利克森在“专业特长科学”领域潜心研究几十年，与科学作家罗伯特·普尔合作撰写了《刻意练习》，这本书中揭示了各行各业提高技能与能力的最简单的方法——刻意练习。刻意练习即有目的的练习，所谓有目的的练习需要具备四个特点：具有明确的特定目标、专注的、包含反馈的、需要走出舒适区。[⑤] 然而，刻意练习并非仅仅是有目的的练习，更重要的是与改进学习者的心理表征相辅相成，既产生有效的心理表征，又依靠有效的心理表征。[⑥] 所谓心理表征，就是一种与我们大脑正在思考的某个物体、某个观点、某些信息或者其他任何

---

① 李洁、余红：《促进学生适应性专长发展的学习环境设计》，载张际平《计算机与教育：新技术、新媒体的教育应用与实践创新》，厦门大学出版社，2012，第 521 页。

② 王美：《面向知识社会的教师学习——发展适应性专长》，博士学位论文，华东师范大学教育科学学院课程与教学系，2010。

③ Katerina Bohle Carbonell，Karen D.Könings,Mien Segers and Jeroen J.G.van Merriënboer，“Measuring adaptive expertise: development and validation of aninstrument，” *European Journal of Work and Organizational Psychology* 25，no.2（2016）：167-180.

④ R.基恩·索耶：《剑桥学习科学手册》，徐晓东译，教育科学出版社，2010，第 30 页。

⑤ 安德斯·艾利克森、罗伯特·普尔：《刻意练习：如何从新手到大师》，王正林译，机械工业出版社，2016，第 34-38 页。

⑥ 同上书，第 130 页。

事物相对应的心理结构，或具体或抽象。[①]“每个人都拥有并使用心理表征。没有心理表征，我们连走路、说话都做不到，根本无法生活下去。”[②]杰出人物针对本行业或领域自己可能遇到的各种不同局面，创建了高度复杂和精密的表征，这些表征使他们能做出更快更准确的决策。[③]心理表征其实是一种经验反馈提炼形成的实践性知识结构。一项研究观察了150位保险代理人对各种保险产品的了解，发现“极其成功的代理人有着更为复杂和综合的‘知识结构’”[④]。

（三）社会应用：实践的加速

在专长研究中，专家的知识是以组块为单位存储的，初步估计专家的知识数量是5～10万组块，但这仅仅是成为专家的充分条件，具备职业专长还需要具备职业领域的专业知识结构。职业的社会性告诉我们，职业是社会建构的，职业专长的获取需要在社会实践应用中体验。一个实践的职业和任何专业一样要求具有高智能、独创性、柔性和社会魅力。从新手到专家的过程涉及陈述性知识向程序性知识的转变。程序化的过程就是将陈述性知识转化为有用的知识和思维操作方案的过程。在任何领域，专家都处于一个复杂的社会环境中，需要应对一些与专业能力无关的问题。专长体现在知识的量和结构上的变化，表现为拥有异于常人的认知能力，以及自动化、自我监控的元认知知识。除此之外，还需要人际交往能力、情商、与人合作能力等其他实践知识。专长的获得，尤其是职业领域的专长需要在社会实践中刻意练习以加速获取。

高职教师职业专长具有显著的职业领域应用性，其知识结构围绕职业工作问题来组织建构。高职教师拥有学者与匠人的综合社会角色。早在明朝宋应星的《天工开物》中就记录了各种职业工序过程，也记载了匠人的很多独特的窍门和经验。“他（宋应星）是一位亲身观察匠人的学者，在匠艺的实际操演中辨识其中体现出来的理论性原则。”[⑤]西班牙哲学家约瑟·奥特加（Jose Ortega，1883—1955）将技术的发展历史分为三个时期：第一时期称为碰巧技术时期，个人在改进工具和生产中，通过不断试错而偶然获得的成功的技艺；第二时期

---

① 安德斯·艾利克森、罗伯特·普尔：《刻意练习：如何从新手到大师》，王正林译，机械工业出版社，2016，第85页。

② 同上书，第88页。

③ 同上。

④ 同上书，第100页。

⑤ 薛凤：《工开万物：17世纪中国的知识和技术》，吴秀杰、白岚玲译，江苏人民出版社，2015，第151页。

称为技能时期，该时期在制造工具和人工物等方面出现了具有专业性技巧的个人，他们遵循传统窍门和许多专门技巧；第三时期称为现代技术或自觉技术时期，它是建立在近代科学分析方法基础上的一种技术，成为实现人们某种目的的一种手段。[①] 宋应星所处时代的技术应该是属于第二时期。技术改造、技术革新以及工艺流程的重造应该成为高职教师社会服务的热点内容。

职业专长中包括大量意会知识。职业专长的转移或传达既要靠明确知识的传播，又要靠自我实践中的反思总结。科学知识社会学巴斯学派的创立者和代表人物、英国卡迪夫大学社会科学系教授哈里·柯林斯把意会知识划分为三种类型：关系型意会知识、身体型意会知识、集体型意会知识。沃尔特·G. 文森蒂认为技术人员可以“发展出几乎是系统化的知识体系来满足实际的需要”，而且认为这些知识中包含着解决问题的思维方式。[②] 意会知识隐藏在社会实践的具体情境中，只有在社会实践中才能有效地快速开发这些隐性的意会知识。

三、教育维度：向教学专长进化

教学专长的获得是教师专业发展的重要表现，也是专家型教师的重要特征。[③] 美国心理学家斯滕伯格（Sternberg）认为新手与专家教师的主要区别是他们在知识、效率和洞察力等方面的差异。知识和经验在专家型教师教学专长发展的过程中起着非常重要的作用。[④] 芬德尔在总结了 40 年来的教学资料基础上，认为专家型教师相较于其他教师对学科和学生的了解更深入，他们可以运用多种方法帮助学生理解复杂的概念。教师教学专长发展理论是在职业专长理论的基础上发展起来的。最初是德雷福斯等于 1980 年基于职业专长领域的研究成果，从职业能力发展的角度提出了专长发展阶段的理论。在此基础上，舒尔（Shuell）提出了教学专长发展的三阶段理论，柏林纳（Berliner）提出了教

① 盛国荣：《西方技术思想研究——一种基于西方哲学史的思考路径》，中国社会科学出版社，2011，第 23 页。

② 沃尔特·G. 文森蒂：《工程师知道什么以及他们是如何知道的——基于航空史的分析研究》，周燕、闫坤如、彭纪南译，浙江大学出版社，2015，第 165 页。

③ 蔡永红、申晓月、李燕丽：《基本心理需要满足、自我效能感与教师教学专长发展》，《教育研究》2018 年第 2 期。

④ 张学民、申继亮：《国外教师教学专长及发展理论述评》，《比较教育研究》2001 年第 3 期。

学专长发展的五阶段理论，费斯勒（Fessler）和胡伯尔曼（Huberman）等提出了教师职业生涯发展阶段的理论，斯滕伯格提出了教师教学专长构成的理论等。①

学者一般将教学专长理解为专家教师经过多年实践获取的一种"状态"，并认为其是内嵌于专家教师行为的知识，这一知识与行为是合为一体的，具有高度的情境性、缄默性、直觉性和自动性等特点。②斯滕伯格认为，专家型教师就是教学专长突出的人，他以"新手—专家"的范式对专家型教师的共同特点进行了概括。伯顿、卡茨、休伯曼、袁克定等人的研究都证实，新手从教后的第五年左右是一个重要的变化时期。③从新手到熟手，教师教学专长的发展水平主要表现为常规水平的胜任教学；从熟手到专家，教学专长的发展水平主要表现为创新水平的胜任教学。④还有学者提出，教学专长是教师基于个体知识、专业经验等的创新活动，以及由此而形成的有效解决教育教学问题的所有个人特征的总和等。⑤

格拉泽和柏林纳综合了教师教学专长的理论与实证性研究，将专家型教师教学专长的特点归纳为 9 个方面，如表 3–2 所示。

表 3–2　专家型教师教学专长特点一览表⑥

序　号	专家型教师教学专长特点
1	其教学专长是经过长期教学实践而获得的，是不断发展的
2	与其他职业专长的发展一样，其教学专长的发展也是非线性的，在不同的发展阶段，教学专长的发展速度也有所不同
3	与新手比较，专家型教师的知识和经验更具有实践性和实用性
4	专家型教师与新手在对问题的表征上有本质区别，专家对问题的表征更深入、更接近本质
5	专家型教师对熟悉的教学情境的观察与判断比新手更快

① 张学民、申继亮、林崇德：《国外教师教学专长发展的评价理论与方法》，《外国教育研究》2004 年第 7 期。

② 楚江亭：《教师教学专长研究如何走出困境？——柯林斯与德雷弗斯专长研究比较及启示》，《北京师范大学学报（社会科学版）》2020 年第 3 期。

③ 连榕：《教师教学专长发展的心理历程》，《教育研究》2008 年第 2 期。

④ 同上。

⑤ H.M. COLLINS, *Changing Order*（Chicago:University of Chicago Press, 1992）, p.56.

⑥ 张学民、申继亮：《国外教师教学专长及发展理论述评》，《比较教育研究》2001 年第 3 期。

续 表

序　号	专家型教师教学专长特点
6	专家型教师在解决问题时更具有灵活性，他们是机遇的策划者，能够迅速地转变看问题的角度，而新手在观察和处理问题时具有刻板性
7	专家型教师在从事教学活动时，需要对学生的个体情况、能力、知识背景、个性等有充分的了解，以便因材施教
8	专家型教师在教学活动方面的认知技能达到了自动化的水平，因此他们在处理教学情境中的问题时能够将更多的认知资源分配到其他的重要任务上
9	在教学活动的过程中，专家型教师逐渐形成了完善的自我监控和调节机制，因此能够对遇到的问题进行灵活有效的处理

（一）教学问题：本质的挖掘

高职教师要达到从知识到教学专长的进化，就需要从教学问题出发，进行思维和行动间的反复迭代，最终达到专长的获得、传递和创新。专家型教师不仅应具备丰富的本体性知识、条件性知识和实践性知识，还应具备丰富的关于社会政治和文化背景的社会知识以及通过内隐学习过程获得的经验性知识，并能够将上述各种知识广泛充分地整合在一起运用到教学实践中。教学专长是内嵌于专家型教师行为的知识，具有高度的情境性、直觉性、缄默性和自动性。教学专长突出的教师在知识、效率、洞察力等方面区别于普通教师，专家型教师知识具有丰富性、综合性及高度组织化，解决问题更具高效性、自动化和轻捷性，更容易注意到问题所在，并重新建构问题的表征。

1. 教学远比传递信息复杂得多

对于高职教师来讲，具备教学专长意味着必须具备职业专长，也就是说，教师必须努力“挖掘”那些已被自动化的知识或技能成分，而最直接的方式就是观察学生的学习进程，了解这些知识如何在他们的学习中起作用，然后通过特定方法帮助学生获得这些知识或技能。真正决定一个学生做什么，理解什么，规划出一条前进道路的能力是教学专长的核心。卓越的高职教师应该清楚地认识到其所面对的是一个个鲜活的学生个体，而且每一个学生都有其闪光点，要给予学生最大的信任和期待。

发现问题是知识进化的第一步。那么，什么是问题？高职教师如何发现问题？日本 Business Collaboration 公司负责人齐藤嘉则认为，问题就是应有的景象与现状之间的落差。这是依据诺贝尔经济学奖得主赫伯特·西蒙（Herbert A.

Simon）对解决问题的看法而得出的："解决问题就是设定目标，发现现状与目标之间的差异，为减少特定差异，寻找记忆中存在或借由探索而找出适当或适用的工具的过程。"

新手通常是通过有意识地推理，按照一定的步骤来解决问题的，专家则不同，他们在解决问题时通常是凭借丰富的知识和经验，整个过程是自动化的。比如，新手教师在讲课过程中很难将注意力分配到其他事情上，专家教师则能够在不影响讲课的同时处理课堂教学过程中发生的事件（如个别同学有注意力不集中或纪律问题）。

2. 向教学专长进化的"场"系统

知识是靠人的思维生成的系统，像有机物一样可以生长，生长的起点就是发现问题，然后想办法解决问题，一条条问题闭环链条最终联结在一起形成了知识网络结构。有了思维，才有了问题；有了问题，才有了方法；有了方法，才有了答案。问题解决，知识得以进化，周而复始。高职教师教学专长进化更像是高职教师的知识从由不确定到确定的状态转移，也是知识结构从低阶到高阶的变化。然而，随着确定的信息和功能的增加，熵不减反增。这种状态也是人们常常说的人的知识好像一个圆圈，知识越多，圆圈的周长就越大，就会发现自己越无知。高职教师个体的知识进化是无止境的。高职教师作为适应时代变迁的先行者，应先他人一步成为最好的自己，将成长经验、心理历程、失败与成功的反思分享给学生，引领学生不断实现自己的知识进化。

高职教师的教学专长进化代表高职教师个体知识质的提升，可以理解为一种"场"效应。所谓的"场"，是指物体在空间中的分布情况。"场"是具有连续无穷维自由度的系统（图 3–1）。布迪厄在《实践与反思：反思社会学导引》中提出了"场域"的概念，他认为"把场域设想为一个空间，在这个空间里，场域的效果得以发挥。场域是那些参与场域活动的社会行动者的实践同周围的社会经济条件之间的一个关键性的中介环境"。高职教师个体知识进化是一个通过"场"间知识交流螺旋上升的过程。Graham Attwell（1997）特别强调作为高职教师应该关注社会的变化，不仅要具备职业知识，还要具备教学专长，同时要有自我反思的能力。

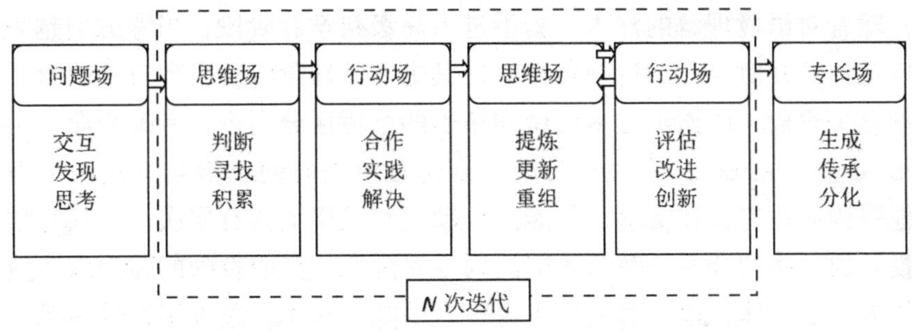

图 3-1　高职教师教学专长进化的“场”系统示意图

（二）教学效能：投入的持续

培养高素质的人才，需要高素质的教师用欣赏的眼光帮助学生实现自我蜕变和进化。帮助他人成功的人一定是懂得欣赏的人。反过来讲，一个自己可以逆袭成功的教师也可以体会、理解、帮助处在低谷的学生。当拥有了信念和决心、热情和态度之时，知识就有了活力和乘数效应。

专家型教师的总体教学效能感水平、个人教学效能感水平都显著高于新手（俞国良、罗晓路，1999）。教师的自我效能感反映了教师当前的信念、经验和行为，能很好地预测教师的教学行为。有研究表明，高自我效能感的教师倾向于保持更高的目标，低自我效能感的教师则倾向于被学校的目标形式所同化（Cho and Shim，2013）。教师自我效能感也可以作为衡量教师能否胜任教育教学工作的指标（Sharma，Loreman，and Forlin，2012）。Hoigaard、Giske 和 Sunsli（2012）发现教师的自我效能感与工作满意度正相关，与工作倦怠和辞职意向负相关。高自我效能感的教师更不易产生倦怠和辞职意向，而且拥有更高的工作满意度（Skaalvik and Skaalvik，2010）。提高教师对人际关系的满意度可以提升教师的自我效能感，也可以提升教师的职业认同感（Canrinus et al.，2012）。优秀的教师往往能够轻松地处理文化多样性和学习困难的学生。当一个学生在某个方面犯错时，我们的第一反应不应该是给他一个正确的答案，而是理解为什么他会认为他的答案是正确的，但这并不是说学生最终不需要得到正确的答案。这意味着教学比传递信息更复杂。①

正如德雷福斯阐述的“技能获得模型”一样，以实践性理解为基础的高职教师知识同样强调身心投入。德雷福斯认为，在新手阶段，人们被给予规则而

① 连榕：《教师教学专长发展的心理历程》，《心理发展与教育》2015 年第 1 期。

行动；随着对语境理解的深入，新手进入高级初学者阶段；当考虑到越来越多的不确定情境并对自己的选择负责时，其进入胜任阶段；实现自动化直觉反应则达到熟练阶段；能做出更多细微和精确的情境区分则进入专家阶段；大师阶段能形成整体性风格；实践智慧阶段则是在恰当时间以恰当方式做恰当的事情。他强调职业专长在情感、技能的自动化和风格上具有层次性，只有情感化的、投入的、体知合一的教师才能达到专家阶段。高职教师的知识以职业实践情境作为认识本体，蕴含着大量不可言表的隐性知识，很难用符号表示。职业情境中的知识不单单是符号表征的命题性知识，还有对具体实践情境的直觉判断、感知等难以表达的隐性表征形式。可以说，“某一领域的知识不仅仅是累积的，更是不断进步的。”①

（三）教学创新：结构的联结

从专长哲学的体知合一知识观来看，高职教师知识体现知行合一，即行动与认知的统一与联动。高职教师知识构成要素相对复杂，不仅包含概念、策略、模式等认知形式，还包括行动层面的信念、程序、标准等，呈现方式更为多样，可以是行为技能，也可以是策略模式。职业教育中的知识既包括“知道如何做”，又包括“知道是什么”，融合着不可言明的个人生活经历和可以用符号记载的客观知识，通过个人不同的行事风格和思考方式在具体职业实践情境中呈现出来。从认知和行动两个维度来看，高职教师的知识是认知和行动双重维度的价值耦合。

已有研究表明，专家型教师的教学更精致、联系性更强，提取知识的数量远远超过新手教师，教学计划更周密，教学结果与教学目标有显著联系。②新手教师与专家型教师在知识的组织与结构方面存在很大的差异，新手教师掌握的知识、概念、定义、原理、技能是彼此孤立和缺乏联系的，而专家型教师的知识、概念、定义、原理、技能之间已经建立了紧密的联系。③高职教师必须是一些特定行业知识领域的专家，具备专业技术知识，同时有专业工作岗位的工作经验。对于特定课程领域的专家型职业教育教师，则要求他们不仅熟悉新

---

① R.基恩·索耶：《剑桥学习科学手册》，徐晓东译，教育科学出版社，2010，第116页。

② 杨翠蓉：《教学计划过程中教学专长的专家—新手比较研究》，《心理科学》2009年第2期。

③ 张学民、申继亮、林崇德：《国外教师教学专长发展的评价理论与方法》，《外国教育研究》2004年第7期。

课程的内容、理念，还要熟悉新课程对其专业领域的教学及评价有何影响。[①]高职教师知识就像一张与外界联系的知识网络，高职教师既要懂得教学又要懂得社会服务，既要具备“如何做”的知识又要具备“为什么”“是什么”的知识。高职教师知识的本质就在于理论与实践的联结、内在知识与外部知识的联结、学生知识与职业知识的联结等。《国家职业教育改革实施方案》明确规定提升职业院校教学管理和教学实践能力。高职教师参加企业实践的目的是实现教学知识、教师知识和企业知识的融通和联结。高职教师将最新的生产技术、工艺流程和实践经验等企业知识传授给学生，使其成为学生自身知识的一部分。

高职教师知识进化中也存在各种各样的问题，如高职教师知识受到学生需求、社会需求、企业需求，以及学校发展和教师自身发展的共同影响，有时候会出现需求产生的矛盾和冲突，如个体发展的兴趣需求与社会发展的需求的冲突等，同时这些需求会随着科技发展、地域的差别、时间的流动而发生变化。凯文·凯利在《失控：全人类的最终命运和结局》中写道：“进化的目标正是它自己。进化的过程不断地集中力量，一次次及时地再造自己。”[②]进化具有共同改变的力量，改变的不仅是高职教师知识，更是高职教师知识的发展。

---

① 迈克尔·扬：《把知识带回来：教育社会学从社会建构主义到社会实在论的转向》，朱旭东、文雯译，教育科学出版社，2019，第219页。

② 凯文·凯利：《失控：全人类的最终命运和结局》，东西文库译，新星出版社，2010，第621页。

四、高职教师知识的群体共性和个体选择——以工业机器人专业为例

高等职业教育教师知识可以分为群体知识和个体知识。高职教师群体知识是指高等职业教育以专业、专业群或者行政组织为单位组成的教师群体所共有的知识；高职教师个体知识是指每一位高等职业教育专任教师所拥有的知识。下面以工业机器人专业为例，剖析高职教师知识的共性知识和个体可选择的知识构成。

（一）工业机器人专业人才培养目标和课程体系

高等职业教育的工业机器人专业是随着产业转型升级新开设的专业之一，隶属于装备制造大类的自动化专业，所对应的行业有通用设备制造业、专用设备制造业、汽车制造业、运输设备制造业等。工业机器人专业主要对应工业机器人系统操作员、工业机器人系统运维员等职业，可以获取工业机器人操作与运维、工业机器人集成应用、工业机器人装调等“1+X”证书。工业机器人专业主要培养以独立完成工业机器人系统安装、调试及标定为职业核心能力的技术技能人才，要求学习者具备基础的机电设备机械构造和电气原理制图专业基础知识，具备正确使用机械测量器具、电工电子仪器和仪表等基本工具的能力，以及具备较强的口头、书面表达能力和团队协作能力，具备较强的学习能力。

一般来说，高等职业教育专业会开设公共通识课、专业基础课和专业核心课三类课程。课程体系一般采取“专业 + 模块”的排列方式，具体课程设置和安排如表 3-3 所示。

表 3-3　工业机器人专业课程体系一览表

课程平台	教学课程模块	
	理论教学	实践教学
专业拓展平台	电气 CAD、工业网络技术、移动机器人技术、自动控制等专业拓展课程	机器人创新能力拓展实训、企业生产实践等

续　表

课程平台	教学课程模块	
	理论教学	实践教学
专业通用平台	专业基础课程模块（工程制图、电子技术基础、电机与电气控制技术、工业机器人技术基础等）	车钳焊实习、工程制图实训、电子技术实训等
	专业核心课程模块（单片机应用技术、PLC 应用技术、工业机器人应用系统建模、工业机器人现场编程等）	专业核心课程实践项目、专业实习、毕业设计
	“1+X”证书模块	“1+X”证书技能实训
职业和人文素质平台	军事和体育理论	军事训练、体育训练
	思想政治模块	公益劳动、社团活动
	美育课程选修模块	社团活动、公益活动
	职业素养通识模块	实习实训、社会实践

（二）工业机器人专业教师知识的群体共性

对于一个专业而言，为专业授课的所有教师可以组建成为特定的教师群体，这个教师群体中拥有一些必要的共性知识。从工业机器人专业的课程体系来看，工业机器人专业教师群体包括人文素质课程教师、专业基础课程教师、专业核心课程教师和专业拓展课程教师。其中，除去人文素质课程教师，其他三类专业课程教师拥有一些高度一致的共性知识。

就本体性知识而言，专业教师群体拥有共同的学科基础知识、专业基础知识和基本的职业技能，以及高等职业教育政策规定的教师企业实践经验。就条件性知识而言，专业教师不仅要具备教育学、心理学、一般教学法和职业教学法等教育教学知识，还要具备对专业教学的统一认识，如专业教学标准、专业人才培养目标及毕业要求、专业所要求的职业资格证书或职业能力等级证书的标准等。专业教师群体还要具备高度一致的教学实践性知识，具体包括教学基本技能、课堂教学组织、教学策略等；具备统一的价值性知识，包括教师职业道德、工匠精神和与专业相关的职业道德规范等（表 3–4）。

表 3-4　工业机器人专业教师知识一览表

高职教师知识分类	专业教师群体共同拥有的知识	专业教师个体知识选择
本体性知识	电工学基础知识、电工操作基础知识、工业机器人专业基础知识（机械制图、电子技术基础、电机及电气控制基础等）、企业实践经验	工业机器人专业课程知识、工业机器人岗位工作实践经验
条件性知识	教育学、心理学、一般教学法、职业教学法、工业机器人专业教学标准、工业机器人专业人才培养目标和毕业要求；“1+X”证书标准	专业理论教学法、专业实践教学法、课程标准、课程目标、课程评价方法
实践性知识	教学基本技能、课堂教学组织、教学策略	学科教学知识、教学艺术
价值性知识	教师职业道德、工业机器人相关岗位职业道德、工匠精神	教学态度、教育理想

（三）工业机器人专业教师知识的个体选择

作为同一专业的教师个体，除了具备群体共同拥有的知识，还可以选择拥有形成个人风格的教师知识。从本体性知识来看，每一位高职教师所教课程有所区别，因此每一位专业教师的知识在专业课程知识和职业工作实践经验上有所不同。对于条件性知识，高职教师个体可以在专业理论教学法、专业实践教学法、课程标准、课程目标、课程评价方法等方面具有可选择性。对于实践性知识，每一位高职教师因所教课程的不同，其学科教学知识和教学艺术形成高度个性化。对于价值型知识而言，高职教师个体可以在教育思想、教学态度方面保持与众不同的价值主张。

第四章　高职教师知识的实然考察

一、问卷调查：对外部环境的感知

高职教师是否会感知到外部环境的变化？高职教师知识是否会因外部环境发生变化？为寻找这些问题的答案，本章开展了高职教师对外部环境的感知的问卷调查。

（一）调查目的与假设

假定高职教师知识受到外部环境的影响，同一院校高职教师的外部环境具有相对一致性，高职教师对外部环境的主观感知可以通过对事物的观点和看法呈现出来，高职教师对同一内容的认知差异能体现教师知识的差异。如果同一院校的高职教师对外部环境感知具有一致性，那么教师现阶段的教学效果、行为结果的差异一定源于认知的差异，尤其是教师对教学理念的认知、对学生学情的认知和对其自身能力的认知。

为了解高职教师不同个体对同样的外部环境感知的差异性，参考杨帆等学者研制的《教师学校环境感知问卷》，设计了关于高职教师教学效能、学生、压力感知、教学理念、学校平台、同事合作、自我发展 7 个方面的陈述句，采用李克特 5 点计分方式，要求教师从中选择不同的态度，通过教师对陈述句的判断获取高职教师对某个方面的态度和看法。①

问卷设计分为三部分内容。第一部分是高职教师的基本情况，包括性别、

① 杨帆、许庆豫：《教师对学校环境的感知与专业发展》，《教育科学》2007 年第 1 期。

职称、专业、所授课程类型、从教年限（教龄）、是否双师、是否有企业工作经历。这部分主要便于数据的分类分析。第二部分是问卷的主体内容，采用李克特量表的形式，关于7个方面的40个陈述句如表4-1所示，从这7个方面了解高职教师的认知的差异性，采用非常不赞同、不赞同、中立、赞同、非常赞同的形式，依次取值为1～5分进行测量。每个方面会有不利和有利的多项陈述句，对于测量的内容有一定的重复，以便相互印证，从而保证问卷的效度。第三部分设置了开放式问题，让教师列出自己认为的优秀学生的标准，并询问现在教学中的问题及其原因。

表4-1　问卷中李克特量表的陈述句列表

主　题	问卷中的陈述句	主　题	问卷中的陈述句
关于学生	现在的学生一届不如一届 我担忧学生的未来发展前途 学生多才多艺 学生很可爱，而且很聪明 上课的时候学生很难集中注意力 学生眼高手低 学生的社会适应能力强 现在的学生问题很多 老师在学生心目中的地位可以忽视 学生在课堂上混日子	教学理念	我的课堂做到了理实一体 课堂上让学生学到技能很重要 我的课堂中穿插着文化价值观的教育 我的课堂评价侧重学生的学习过程 对学生技能培养高于品德教育
教学效能	我和学生的沟通很顺畅 激励学生是一件容易办到的事情 我的课堂很生动，学习气氛很好 课堂教学是一种煎熬 课堂纪律是上好课的前提 我尽了最大的努力完善我的教学	压力感知	我很在乎生评教的结果 我的课时量很大 上班让我很焦虑 整天忙于备课、上课，无心顾及其他 职称评定给了我巨大的压力
学校平台	学校不重视教师个人专业发展 学校提供了教师自我成长的平台 学校的行政管理提供了公平竞争的环境 现行的行政管理有利于教师的专业发展	同事合作	我经常和同事讨论教学方法和学生的问题 希望参加对外服务和课题研究的团队 感觉同事之间的合作很容易
自我发展	我没有时间静静地读书 我对最新的专业领域的技术和理论了如指掌 我需要提升自我，自我成长 我渴望培训提升能力的机会	自我发展	我希望能提升、成长，但是很迷茫，不知道如何提升 我很清楚自己的专业发展空间 我渴望利用移动互联网技术驾驭课堂

（二）调查方法和对象

为了减小外部环境对问卷结果产生的影响，特别选取受国家政策影响最大、处于院校改革中的国家示范高职院校，分层抽样选取同一学校不同专业系部的教师实施访问，总共发放 100 份问卷，回收 93 份，剔除无效问卷，有效问卷为 86 份，占调查院校的专职授课教师的 18%。访问中采用配额抽样的方式，涉及 6 个系部、多层职称结构、不同的工作年限的教师。从比例和结构来看，86 份问卷信息具有 W 学校师资队伍的代表性。

（三）调查分析与结果

采用社会统计分析软件 SPSS19.0 对所有有效问卷数据进行聚类分析。首先，进行原始数据的预处理，对原始数据不利陈述句的选项分值进行倒置，非常不赞同到非常赞同依次变为 5 ～ 1 分。其次，从 7 个方面计算得出学生感知、教学效能感知、自我发展感知、教学理念感知、压力感知、同事合作感知、学校平台感知 7 个分数指标。最后，依据这 7 个分数指标进行 *K* 均值聚类分析，得到两个类别：属于 1 类的个案数为 45 个，约占总数的 52%；属于 2 类的个案数为 41 个，约占总数的 48%。同时，对两个类别进行独立样本 *t* 检验，获取两个类别在哪些方面具有显著性差异。分析结果如表 4–2 和图 4–1 所示。

表 4–2　聚类分析与 *t* 检验结果汇总表

项　目	1 类		2 类		*F*	*Sig.*	*t*	*Sig.*
	均　值	标准差	均　值	标准差				
学生感知	2.893 3	0.475 01	2.492 7	0.474 55	150.277	0.000	3.909	0.000
教学效能感知	3.896 3	0.432 70	3.500 0	0.504 15	150.377	0.000	3.894	0.000
自我发展感知	3.494 1 0.390 30 3.520 3			0.438 11	0.086	0.770	–0.292	0.771
教学理念感知	3.937 8	0.335 27	3.761 0	0.440 95	4.427	0.038	2.078	0.041
压力感知	3.456 7	0.466 08	3.531 7	0.647 47	0.385	0.536	–0.612	0.543
同事合作感知	4.088 9	0.351 04	3.845 5	0.568 12	50.822	0.018	2.363	0.021
学校平台感知	3.594 4	0.404 99	2.115 9	0.581 21	190.063	0.000	13.563	0.000

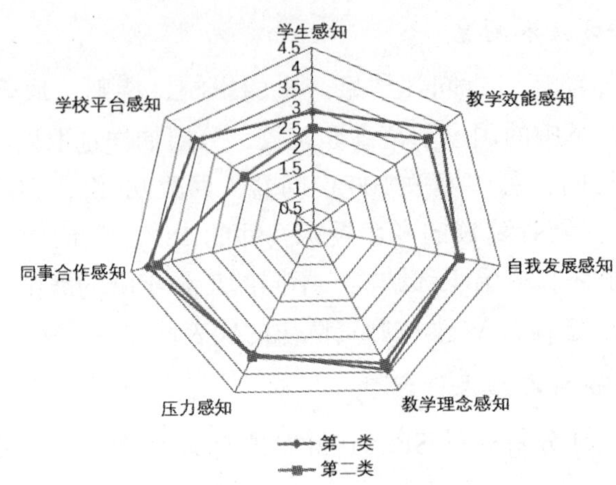

图 4-1　聚类分析结果均值比较图

根据上面的调查结果，发现同一院校出现在五大主要测量方面感知具有显著性差异的两类教师群体，本书借用“分化”概念描述高职教师发展过程中趋向两极分化的动态变化过程。“分化”这个概念起源于生物学，指在某一正在发育的个体细胞中进行形态的、功能的特殊变化并建立起其他细胞所没有的特征。

由表 4-2 与图 4-1 可知，W 高职学校的教师可以大体分为两类，第一类教师在 7 个方面的平均分数均优于第二类教师。因此，我们定义第一类是感知积极型教师，第二类是感知懈怠型教师。两类教师分别在学生感知、教学效能感知、教学理念感知、同事合作感知、学校平台感知 5 个方面具有非常显著的差异，在压力感知和自我发展感知方面没有显著性差异。

高职教师的分化受哪些因素影响？是类似从业年限和职称这样的外在显性因素影响着高职教师的分化吗？为了解决这些问题，从教师的性别、是否双师、有无企业工作经历、职称、授课类型、从教年限 6 个因素分别进行排查。对这 6 个因素分别进行假设方差不相等的独立样本 t 检验分析，有以下发现。

（1）教师的性别、是否双师对教师的分化没有显著性影响（表 4-3）。

表 4-3　性别、是否双师、有无企业工作经历的显著差异 t 检验结果

对比因素 项目	性　别		是否双师		有无企业工作经历	
	t	*Sig.*	*t*	*Sig.*	*t*	*Sig.*
学生感知	−1.030	0.306	1.417	0.161	−0.015	0.988
教学效能感知	0.206	0.838	1.958	0.054	1.947	0.055
自我发展感知	1.111	0.270	0.718	0.475	0.648	0.519
教学理念感知	−1.026	0.308	0.244	0.808	1.570	0.120
压力感知	0.865	0.389	1.910	0.060	3.029	0.003
同事合作感知	−1.945	0.055	−1.036	0.303	−0.059	0.953
学校平台感知	−0.783	0.436	−0.636	0.527	0.858	0.394

（2）教师有无企业工作经历只对教师的压力感知具有显著性影响，对教师的分化没有产生显著性影响（表 4-3）。

（3）授课类型中文化基础课的教师和专业课教师之间存在一些差异。由表 4-4 可知，文化基础课的教师的压力感知小于专业基础课教师和专业核心课教师。在学生感知和教学效能感知两方面，文化基础课教师和专业核心课教师存在显著性差异。专业核心课教师在学生感知和教学效能感知方面均优于文化基础课教师。文化基础课教师应该成为教师分化过程中需要关注的群体。

表 4-4　根据授课类型两两对比的显著差异 t 检验结果

授课类型对比 项目	文化基础课与专业基础课对比		文化基础课与专业核心课对比		专业基础课与专业核心课对比	
	t	*Sig.*	*t*	*Sig.*	*t*	*Sig.*
学生感知	−0.958	0.344	−2.194	0.034	−1.033	0.307
教学效能感知	−1.900	0.064	−3.635	0.001	−1.550	0.127
自我发展感知	−0.454	0.653	−0.735	0.466	−0.154	0.878
教学理念感知	0.555	0.582	−0.937	0.354	−1.571	0.122

续 表

授课类型对比 项目	文化基础课与专业基础课对比		文化基础课与专业核心课对比		专业基础课与专业核心课对比	
	t	*Sig.*	*t*	*Sig.*	*t*	*Sig.*
压力感知	−2.830	0.007	−2.893	0.006	0.228	0.820
同事合作感知	1.380	0.175	1.300	0.199	−0.329	0.743
学校平台感知	−1.847	0.073	−1.261	0.216	0.912	0.366

（4）教师职称类别对教师分化影响很有限，影响仅限于教师对学校平台感知的差异（表 4–5）。年轻的助教对学校平台感知分数高于其他职称类别的教师，同时显现出职称越高对学校平台的评价越低的趋势。

表 4–5　根据职称类别两两对比的显著差异 *t* 检验结果

项目 职称对比		学生感知	教学效能感知	自我发展感知	教学理念感知	压力感知	同事合作感知	学校平台感知
助教与讲师	*t*	−0.710	−0.052	−1.241	−0.294	0.748	−0.314	4.688
	Sig.	0.489	0.959	0.234	0.772	0.466	0.757	0.000
助教与副教授	*t*	−0.408	0.478	−1.307	1.059	1.134	0.046	3.265
	Sig.	0.688	0.637	0.203	0.301	0.267	0.964	0.003
助教与教授	*t*	−1.171	−2.350	0.817	−0.399	0.450	−0.051	3.402
	Sig.	0.312	0.087	0.484	0.723	0.691	0.963	0.005
讲师与副教授	*t*	0.331	0.579	−0.425	1.599	0.716	0.420	−0.309
	Sig.	0.743	0.567	0.675	0.118	0.481	0.677	0.760
讲师与教授	*t*	−0.868	−2.476	1.327	−0.307	0.222	0.020	0.784
	Sig.	0.466	0.096	0.310	0.786	0.844	0.986	0.511
副教授与教授	*t*	−0.979	−2.587	1.426	−0.809	−0.021	−0.063	0.866
	Sig.	0.404	0.056	0.265	0.494	0.985	0.955	0.465

（5）不同教龄对教师分化的影响也是有限的，仅对学校平台感知一个指标

有显著性影响，局限在5年以下教龄的教师中（表4-6）。这点与职称对比中助教对学校平台感知的分数高于其他职称教师相互印证，原因是一般情况下5年以下教龄的教师的职称以助教为主。

表4-6 根据教龄两两对比的显著差异 t 检验结果

项目 教龄对比		学生感知	教学效能感知	自我发展感知	教学理念感知	压力感知	同事合作感知	学校平台感知
5年以下和5～8年	*t*	0.938	0.586	−0.943	0.987	−0.353	−0.359	2.157
	Sig.	0.359	0.564	0.358	0.338	0.728	0.723	0.050
5年以下和8～10年	*t*	−1.030	0.361	−0.877	0.153	−0.533	0.525	0.637
	Sig.	0.320	0.730	0.401	0.884	0.603	0.619	0.556
5年以下和10～12年	*t*	−0.708	−0.471	−0.322	−0.394	0.572	−0.961	3.139
	Sig.	0.486	0.641	0.750	0.697	0.572	0.345	0.004
5年以下和12～15年	*t*	−0.412	−0.150	−0.552	−0.168	1.132	0.251	4.948
	Sig.	0.684	0.882	0.585	0.868	0.268	0.803	0.000
5年以下和15年以上	*t*	−0.373	1.978	0.181	1.373	1.536	−0.485	3.702
	Sig.	0.712	0.059	0.858	0.181	0.136	0.632	0.001
5～8年和8～10年	*t*	−1.938	0.052	−0.057	−0.396	−0.069	0.661	−0.340
	Sig.	0.072	0.960	0.956	0.702	0.946	0.532	0.747
5～8年和10～12年	*t*	−1.703	−0.930	0.684	−1.172	0.794	−0.521	0.201
	Sig.	0.105	0.361	0.502	0.253	0.437	0.607	0.843
5～8年和12～15年	*t*	−1.358	1.286	1.114	0.085	1.567	−0.072	1.242
	Sig.	0.189	0.210	0.279	0.934	0.132	0.944	0.227
5～8年和15年以上	*t*	−1.358	1.286	1.114	0.085	1.567	−0.072	1.242
	Sig.	0.189	0.210	0.279	0.934	0.132	0.944	0.227
8～10年和10～12年	*t*	0.429	−0.593	0.649	−0.346	1.063	−0.896	0.454
	Sig.	0.675	0.571	0.532	0.739	0.303	0.405	0.670

续 表

项目 教龄对比		学生感知	教学效能感知	自我发展感知	教学理念感知	压力感知	同事合作感知	学校平台感知
8～10年和12～15年	*t*	0.696	−0.428	0.486	−0.222	1.694	−0.425	0.909
	Sig..	0.497	0.682	0.639	0.832	0.119	0.686	0.409
8～10年和15年以上	*t*	0.734	0.700	1.024	0.473	1.988	−0.703	1.031
	Sig.	0.475	0.505	0.330	0.652	0.063	0.509	0.345
10～12年和12～15年	*t*	0.313	0.321	−0.233	0.275	0.415	1.148	1.210
	Sig..	0.756	0.750	0.817	0.785	0.681	0.258	0.234
10～12年和15年以上	*t*	0.356	2.133	0.514	1.486	0.941	0.500	1.244
	Sig.	0.724	0.041	0.611	0.148	0.354	0.621	0.224
12～15年和15年以上	*t*	0.042	2.003	0.750	1.577	0.695	−0.706	0.376
	Sig.	0.967	0.053	0.459	0.125	0.493	0.485	0.710

每一个高职教师都是一个社会个体，生存在社会组织环境中，当社会个体发现社会组织环境处境艰难，个体成长与社会存在的冲突日益显著，那么社会个体就会发生分化，积极的个体会努力改变，消极的个体可能会降低自己的期望，甚至逃离组织环境。正如美国哲学家托马斯·内格尔所说："当某人发现他的处境荒诞时，通常会努力改变它，或者通过修正他的渴望，或者试图改变现实，使之比较符合他的渴望，或者使自己完全脱离那种处境。"①我们可以从理性角度再次定义高职教师分化：高职教师分化是高职教师个体在承受组织环境压力的情况下，呈现出不同价值取向的过程。

高职教师正在面临着作为社会个体的选择，这种选择是在高职教师组织环境中的压力之下产生的。迫于这种组织环境的压力，高职教师自然而然发生分化，出现积极型教师和懈怠型教师的两极分化。高职教师的组织环境可以简单理解为链条关系，学校组织架构下教师进行教学，指导学生。高职教师的社会关系网中涉及最多的就是两种关系：师生关系和学校组织关系。从调查结果来看，入职时间较短的教师对学校平台的认知是积极的，随着教龄的增长、职称

① 托马斯·内格尔：《人的问题》，万以译，上海译文出版社，2014，第13页。

的提升，教师对社会个体的成长和发展需求越来越强烈，然而学校没有给予教师个体足够多的可选择的发展空间和平台。

综上所述，同一外部环境下，高职教师对环境的感知呈现不同价值取向，有积极的主动适应，也有消极的被动改变。高职教师知识不仅受到环境的影响，还受高职教师对学生、自身教学效能、学校平台等的感知态度的影响。

二、访谈研究：不同成长阶段的知识现状

（一）研究内容

具体的研究内容如下：①在不同成长阶段所具备的是哪些知识，是否存在差异；②在不同成长阶段实然具备的是哪些知识，是否存在差异；③在不同成长阶段需要增加哪些知识。每个高职教师对所有的访谈问题均按照自己对问题的理解回答，每个问题的答案都属于高职教师对已有知识和实践经验的结合而形成的个人理论。

（二）研究方法和对象

知识具有似乎人人都熟悉但又很难表达清楚的特点，鉴于此，采用半结构式访谈的调查方式，让高职教师利用自己的语言概念体系表达相关的内容，利用扎根理论进行编码归类，以得到高职教师具备什么知识、欠缺什么知识的访谈结果。

1. 研究设计

研究基于以下前提假设：①高职教师在实践中形成了对自身知识具备和欠缺清晰明了的认知；②这样的认知影响高职教师的成长方向和行动意向；③实践中积累了相关高职教师知识；④所言表的语言中蕴藏着高职教师的知识。

访谈内容主要包括 8 个问题：①您认为什么是有效的教学？②您认为在有效教学中教师应该具备什么？③做过哪些技术应用项目和社会服务项目？④您现在具备哪些知识体系？⑤这些知识体系是怎样形成的？⑥您认为自己什么样的知识是卓越的？⑦您觉得如何能达到卓越的知识状态？⑧您觉得目前欠缺哪方面的知识？这 8 个问题经过访谈效度测试确定，确保所获取的信息符合研究目的。

为保证访谈的信度，通过雪球抽样选取，事前采用电话、邮件、微信或

QQ 等方式确定有意愿接受访谈的高职专任教师作为访谈对象。调查对象来自7 所高职院校，覆盖不同职称和不同教龄阶段的 76 位高职教师，调查对象的基本信息如表 4–7 和表 4–8 所示。

表 4–7 访谈对象的院校和职称分布表

院 校	职 称				访谈人数
	助 教	讲 师	副教授	教 授	
A（国家示范）	5	5	8	2	20
B（国家示范）	3	5	5	0	13
C（省级示范）	4	4	3	2	13
D（普通高职）	2	4	3	0	9
E（普通高职）	3	3	3	0	9
F（普通高职）	1	3	2	0	6
G（普通高职）	1	3	2	0	6
总人数	19	27	26	4	76

表 4–8 访谈对象的教龄和职称分布表

教 龄	职 称				访谈人数
	助 教	讲 师	副教授	教 授	
5 年以下	19	2	0	0	21
5 ～ 10 年	0	9	0	0	9
10 ～ 15 年	0	15	10	0	25
15 ～ 25 年	0	1	9	3	13
25 年以上	0	0	7	1	8
总人数	19	27	26	4	76

2. 高职教师成长阶段的划分

教育心理学中对教师成长的研究有很多，如富勒等人将教师成长分为3个阶段：关注生存阶段、关注情境阶段、关注学生阶段。休伯曼按照教师职业时间将高职教师成长阶段分为5个阶段：入职期、稳定期、实验和变化期、平静和关系疏远期、退休期。[①] 学术界对高职教师成长阶段的划分多种多样，目前还没有统一、权威的标准。高职教师的来源与高职教学的特性影响着高职教师的成长。高职教育的特定培养目标和工学结合的教学模式向高职教师提出了比传统的教师更高的教学要求。[②] 其要求高职教师具备"教学做一体化"教学理念，基于工作过程设计并实施教学。[③] 高职教师自己接受教育时的授课模式和学科体系的相关内容很难适应现在的高职教学，因此高职教师的真正成长来自教学实践。从这个角度讲，教龄的长短是划分高职教师成长阶段的重要指标。有学者按教龄把高职教师的成长分为4个阶段：准备期（教龄1～3年）；适应期（教龄3～6年），成长为合格教师；创造期（教龄6～10年），成长为骨干教师；成熟期（10年以上），成长为专家型教师。[④] 有学者将普通教师的成长划分为5个阶段：新手阶段（1～2年教龄）；优秀新手阶段（2～3年教龄）；胜任阶段（3～4年教龄）；熟练阶段（5年以上教龄）；专家阶段。[⑤]

除此之外，有学者按高职教师的教学能力将高职教师成长阶段分为合格教师、教育教学能手、专家型教师（或学者型教师）3个阶段。[⑥] 有学者按胜任程度将高职教师成长阶段划分为从新任到胜任、从胜任到成熟、从成熟到资深3个阶段。[⑦] 有学者按高职教师适应能力将高职教师成长阶段分为适应、熟练、滞退或持续发展、专家4个阶段。[⑧] 有学者认为，高职教师的成长由低到高依次为适应期、成长期、成熟期和精英期。[⑨]

综上所述，教龄与能力是衡量高职教师成长的重要指标，其中能力指标更

① 陈琦、刘儒德：《教育心理学（第2版）》，高等教育出版社，2011，第540页。
② 成军：《高职院校教师成长体系建构的策略与路径研究》，《中国高教研究》2011年第7期。
③ 牟国忠：《高职教师知识能力结构分析及提高》，《中国西部科技》2014年第8期。
④ 黄邵勇、李静怡：《高职教师专业成长的规律与途径》，《思想战线》2013年第39期。
⑤ 谢海琼、王志明：《袁隆平专业成长路径对高职教师专业发展的启示》，《职教论坛》2008年第11期。
⑥ 李庆原、石令明、左妮红：《高职教师专业发展探析》，《教育与职业》2006年第8期。
⑦ 张伟萍：《高职教师专业化发展的标准构建与实践动向》，《中国高教研究》2013年第6期。
⑧ 高小艳、许晓东：《高职教师成长的影响因素及对策》，《教育与职业》2012年第11期。
⑨ 成军：《高职院校教师成长体系建构的策略与路径研究》，《中国高教研究》2011年第7期。

能衡量高职教师真正的成长。任职初期，教龄与能力一致，教龄可以反映高职教师教学实践经验和能力。但是，高职教师基本胜任高职教学工作之后，教龄的长短与高职教师的成长并不完全匹配。因此，本研究综合采用教龄和能力两个指标界定高职教师的成长阶段。参考已有研究和实践经验，5 年教龄是划分高职教师前期从职前到胜任的成长阶段的重要节点。从可操作角度来看，高职教师能力成长标签最显著的是来自能力成果的外部表现，如高职教师的职称晋升、教学科研成果、社会服务成果等。因此，本研究将高职教师（不包括兼职兼课的企业教师）划分为新手教师、熟手教师和专家教师 3 种类型。新手教师是指教龄在 5 年以内、从职前新人成长为胜任高职教学工作的高职教师；熟手教师是指教龄在5年以上、从新手教师成长为专家教师的中间阶段的高职教师；专家教师是指职称为副教授以上，同时具备本专业领域的技术应用研究和社会服务经验的高职教师。

（三）研究分析与结果

在分析之前，先对访谈文本进行编码，即对大量原始资料进行整理与类别化。[①] 本研究利用 QSR 公司发行的 NVivo11.0 软件对文本进行辅助编码与分析。将 76 份访谈文本和教学调查表导入 NVivo11.0 中，对文本进行预编码，通读每一份访谈文本，找出与 8 个访谈问题有关的主题概念、关键词语，明确其核心意义。随后利用 NVivo11.0 软件的编码功能，开始正式编码，反复比较、合并、修改，形成自由节点。编码后，认真阅读每个节点下的内容，修改节点名称，利用 NVivo11.0 软件中的聚类分析功能，通过计算节点编码之间的相关系数合并或重组不同节点下的相似内容。这部分工作需要细心对照研究目的反复修订，按照类属与并列原则确定并建构节点之间的关系。

1. 高职教师对有效教学的理解

舒尔曼认为，教师的教学知识是“已编码或可编码的关于知识、技能、理解、技术、伦理与品性、集体责任的集合体”，是来自有效教学的研究成果和实践智慧。[②] 了解高职教师教学知识，必须从对有效教学的理解开始。

将 76 位高职教师对有效教学的理解进行编码分类汇总。可将观点分为关注学生和关注教师两类。在 11 个观点中，有 3 个观点较为普遍：学生发展、

---

① 朱水萍:《教师伦理的关系维度与价值范畴——基于89个访谈文本的质性分析》,《教育科学》2014 年第 5 期。

② 舒尔曼：《实践智慧：论教学、学习与学会教学》，王艳玲译，华东师范大学出版社，2014，第 151 页。

教师的教学设计、学生积极参与教学。结果如表 4–9、图 4–2、图 4–3 所示。

表 4–9 关于有效教学的访谈材料来源统计表

高职教师对有效教学的理解	材料来源统计	百分比 /%	代表观点
学生发展	30	39.47	在传授知识和技能的同时，提升学生的社会能力
学生完成教学目标	14	18.42	教学目标制定合理，学生愉快地学习并达到教学目标
学生积极参与教学	24	31.58	课堂互动氛围好，学生喜欢
教师对教学目标的理解	17	22.37	能够完成知识目标、能力目标、素质目标的教学
教师的教学设计	26	34.21	有目标，有行动，有评价
教师具备先进的教学理念	13	17.11	教学中以学生为中心，给学生充足的时间去展现自我，师生一体，交流互动，让学生在课堂上占据主体地位
教师充实的教学内容	12	15.79	内容有助于学生提升专业能力，饱满但不累赘
教师对课堂的管理和掌控	10	13.16	提高学生兴趣及专注程度
教师的反思、进步	8	10.53	能够从学生上课情况反馈出教学中存在的问题
教师对教学的情感	4	5.26	情感融于教学
教师的教学技能	3	3.95	知识点、能力点讲授、训练到位

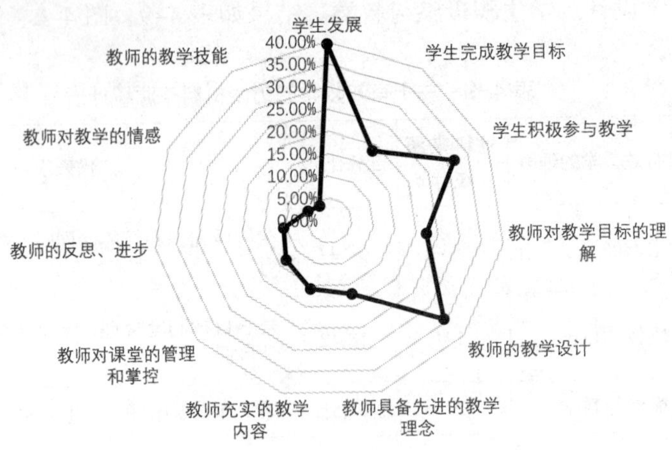

图 4-2　高职教师对有效教学的理解

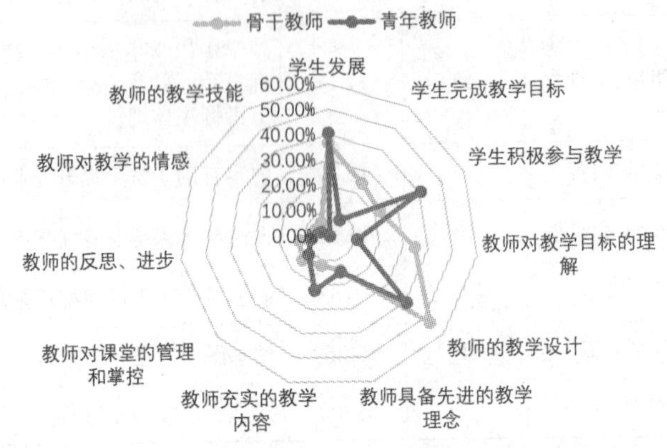

图 4-3　骨干教师与青年教师对有效教学的理解差异

具有一定职业教学经验的骨干教师与青年教师对有效教学的关注点有所不同。高职骨干教师除了关注学生发展之外，更多关注教学目标的设计和结果；青年教师则特别关注学生是否积极参与、教学设计和教学内容。

2. 高职教师认为有效教学应该具备的知识

在所调查的高职教师中，针对“有效教学应该具备什么”这一问题，排在前 8 位的是专业知识、课堂管理和掌控、教学设计、教学技能、学生学情、教学态度、教学情感、专业实践（表 4-10）。基于对有效教学的理解，其应该具备的知识中涵盖教师知识的 3 个组成部分。其中，专业知识、专业实践属于本体性知识，教学设计、教学技能属于条件性知识，课堂管理和掌控、学生学

情、教学态度、教学情感属于实践性知识。与此同时，并行开展了喜欢的教师和不喜欢的教师的高职学生调查，在众多的答案中，对教师态度、教学情感的表述是最多的。可见，对于高职学生而言，高职教师的教学态度和教学情感是他们最看重的。比如，一个学生表示喜欢“能笑能闹，该认真时认真，知识丰富，懂得多，课下还能聊得来”的老师，不喜欢“歧视学生、漠视学生”的老师。

表 4–10 教师应具备的知识访谈材料来源统计表

有效教学中教师应该具备的知识	材料来源统计	百分比 /%	代表观点
专业知识	48	63.16	具有扎实的专业知识和丰富的知识储备
课堂管理和掌控	29	38.16	组织、协调、课堂掌控等能力
教学设计	28	36.84	教学环节、手段、方法的综合设计能力
教学技能	26	34.21	良好的沟通能力、语言表达能力；采用学生更容易接受的现代化教学手段
学生学情	21	27.63	对不同学生的学情分析及应对的能力
教学态度	20	26.32	良好的师德，人生观、价值观，责任心，职业道德
教学情感	16	21.05	情感表达能力——尊重学生，让学生喜欢、接受，耐心、爱心
专业实践	16	21.05	精湛的专业技能
反思实践	12	15.79	反思教学，有利于在今后的教学中更加贴近学生实际，进一步提高课堂教学实效性的能力
教学目标的理解	11	14.47	能结合学生的实际创新性地进行课堂教学
创新能力	8	10.53	能结合学生的实际制定切实可行的课堂教学目标的能力
学习能力	6	7.89	有较强的学习能力，了解学术动态，掌握新信息
教学研究能力	3	3.95	教学研究能力、学术研究能力
硬件和教学环境	1	1.32	学校提供基础的教学硬件，创造相对公平合理的教学环境，让教师在课堂上安心教学

从教师职称来看，教授对有效教学的理解相对统一，他们认为应该具备专业知识，尤其是在教学中要实现理论和实践的有效融合，对教学目标的理解和把握也很重要；副教授认为除了专业知识为有效教学的必备技能，课堂管理和掌控、教学技能、教学设计等也很重要；讲师认为教学设计是最关键的知识；助教关注专业知识、教学设计、学生学情，没有提及教师对理论和实践的融合。从助教到教授，高职教师对有效教学的教师知识基础关注点有所不同，符合教师发展阶段，助教要为站稳讲台做准备，讲师在教学设计方面要求精进，副教授关注教学实践的效果，教授对高职教学的理解更加深刻，提到了理论和实践的融合（图 4–4）。

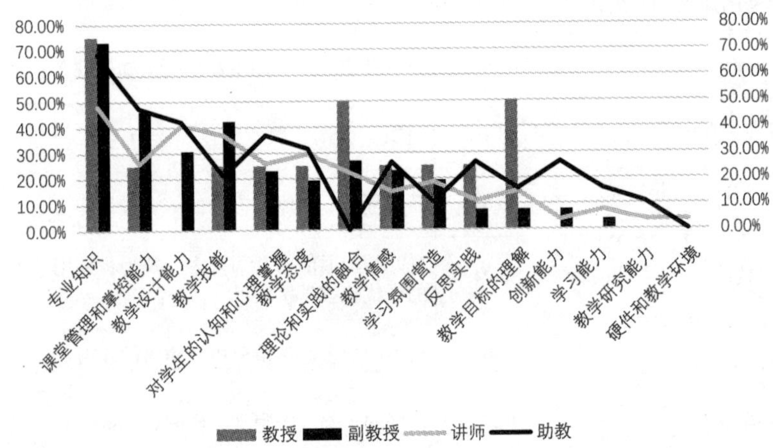

图 4–4　不同职称的高职教师对有效教学必备知识的认知

3. 高职教师对所欠缺知识的感知

图 4–5 是对高职教师访谈“所欠缺的是什么”这个问题的词频分析图。除了“能力”和“知识”两个词语，出现频率较高的词有实践、教学、创新、学生、学习、技术、理论、专业、工程、工作、课程、领域等。整体来看，高职教师所反馈的欠缺知识集中在专业实践和教学领域（表 4–11）。

图 4-5　高职教师访谈数据词条云图

表 4-11　高职教师欠缺的知识

高职教师知识构成		高职教师欠缺的知识
本体性知识	职业情境相关学科专业知识、职业理论知识和实践经验	专业知识、专业实践、理论与实践融合能力
条件性知识	职业教学知识、教学设计知识、职业课程知识	教学相关知识、理论与实践融合的能力、现代技术
实践性知识	高职教育信念、关于学习者的知识、教学情境知识、学科教学知识	调动学生主动性、课堂管理和掌控

高职教师针对自己的个人情况，对自己欠缺的知识有着各种不同的观点和看法。有的认为自己欠缺专业前沿知识，有的认为自己欠缺实践经验，有的认为自己欠缺社会服务能力，还有的认为自己缺少外语知识，等等。归总起来，高职教师欠缺的知识主要集中在 4 个方面：专业实践能力、专业知识、教学相关知识、理论与实践融合能力。其中，专业实践能力和专业知识的描述最多，近 40% 高职教师认为缺乏实际工程经验和相对应的专业前沿知识，近 30% 的教师认为缺乏调动学生学习积极性的教学方法，近 25% 的教师认为缺少理论和实践融合能力，找不到与实际任务接轨的路径（表 4-12 和图 4-6）。

表 4-12　高职教师欠缺的知识访谈材料来源统计表

高职教师欠缺的知识	材料来源统计	百分比 /%	代表观点
专业实践能力	29	38.16	实际工程经验缺乏
专业知识	29	38.16	与专业前沿知识有差距
教学相关知识	22	28.95	缺乏调动学生学习主动性和积极性、使学生配合教师教学进程的方法
理论与实践融合能力	18	23.68	应用能力欠缺，基础教学找不到与实际接轨的途径
个人方面	11	14.47	缺乏洪亮的声音、规划力、魄力
现代技术	10	13.16	新媒体、新信息化技术、数据挖掘与处理、电子商务等方面的知识不够
其他相关知识	8	10.53	外语知识不够
技术研究能力	7	9.21	缺乏科研所要求的知识和能力
教学管理和掌控能力	5	6.58	教学和管理存在不足之处

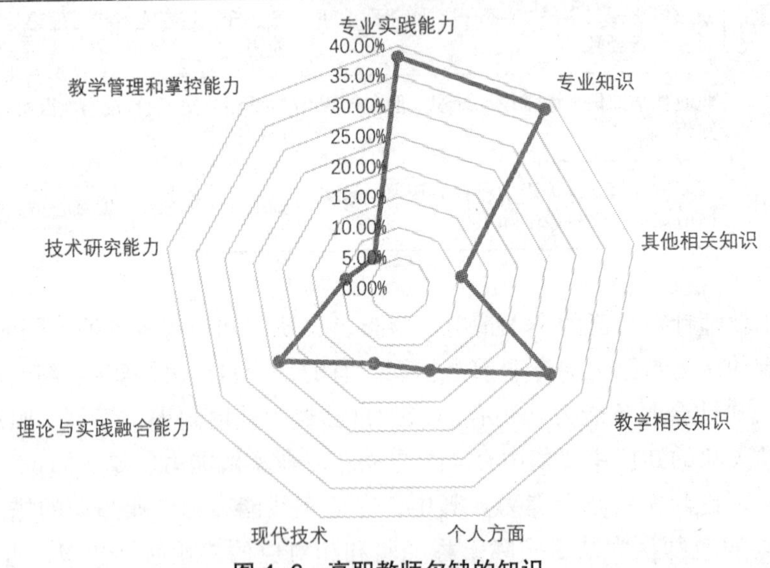

图 4-6　高职教师欠缺的知识

按照教师从教年限来分，从教 5 年以下的新手教师对缺少专业实践能力和专业知识高度认同，从教 5 ～ 10 年的教师关注专业知识的缺少，从教 10 ～ 25 年的教师关注专业实践能力和专业知识，从教 25 年以上的教师则认为应该补

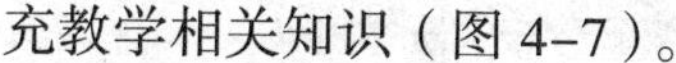
充教学相关知识（图 4-7）。

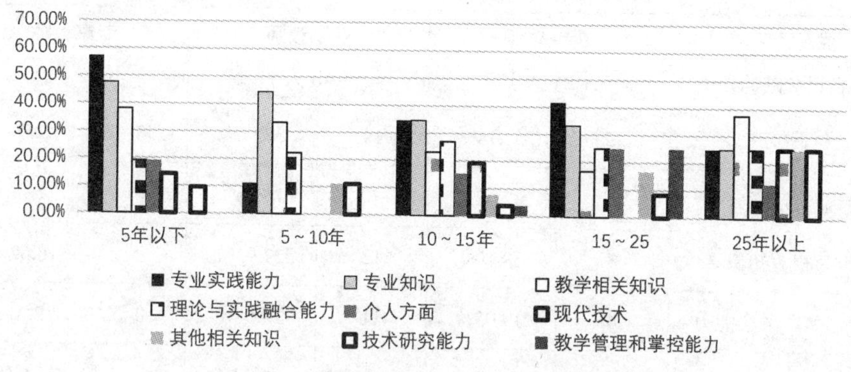

图 4-7　不同从教年限教师的所缺知识分析

将高职教师按照青年教师和骨干教师进行分类，两类教师群体对所缺知识的认知存在明显差异，青年教师认为主要缺少专业实践能力、专业知识和教学相关知识，骨干教师则认为应该补充专业实践能力、理论与实践融合能力以及其他相关知识（图 4-8）。

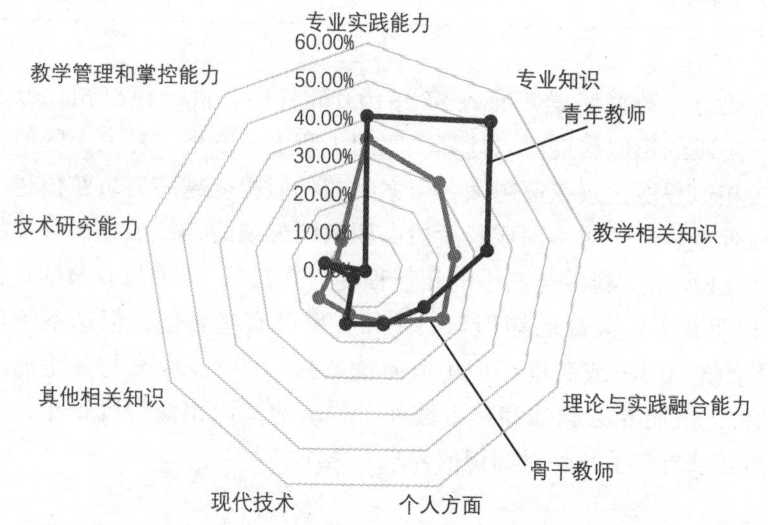

图 4-8　骨干教师和青年教师对所缺知识的认知对比

分析中涉及 8 个访谈问题 3 个成长阶段的编码数据，不仅对每个问题进行不同成长阶段的汇总，还对 3 个成长阶段进行相似性对比，分析繁杂多样。

（1）不同成长阶段高职教师知识构成的相似性分析结果如表 4-13 所示。

表 4-13　高职教师不同成长阶段访谈问题的编码分布情况举例

成长阶段 认为自己欠缺的知识	新手教师 （21 人）		熟手教师 （43 人）		专家教师 （12 人）	
专业知识	12	57.14%	14	32.56%	3	25%
专业实践能力	10	47.62%	6	13.95%	6	50%
教学相关知识	8	38.10%	12	27.91%	2	16.67%
理论与实践融合能力	4	19.05%	11	25.58%	3	25%
个人方面	4	19.05%	6	13.95%	2	16.67%
现代技术	3	14.29%	4	9.30%	3	25%
其他相关知识	0	0.00%	6	13.95%	2	16.67%
技术研究能力	2	9.52%	5	11.63%	0	0.00%
教学管理和掌控能力	0	0.00%	2	4.65%	1	8.33%

将编码分布数据转置并导入 SPSS19.0 软件中，进行距离相关分析，对比不同成长阶段的相似程度。以计算个案间（新手、熟手、专家）的值向量的余弦值代表相似程度，余弦值越大，个案间的相似程度越高，余弦值越小，个案间的相似程度越低。对不同成长阶段高职教师欠缺的知识的相似程度的计算结果如表 4-14 所示，新手与熟手的相似程度为 0.712，新手与专家的相似程度为 0.627，说明新手所欠缺的知识与熟手和专家都有些相似，但达不到显著相似（值向量余弦 >0.8）或高度相似（值向量余弦 >0.9）。专家与熟手的相似程度仅为 0.217，说明专家教师和熟手教师所欠缺的知识相似程度很小，专家教师对知识的需求与熟手教师对知识的需求显著不同。

表 4-14　不同成长阶段关于“欠缺哪些知识”的值向量余弦矩阵

成长阶段	新手	熟手	专家
新手	1.000	0.712	0.627
熟手	0.712	1.000	0.217
专家	0.627	0.217	1.000

（2）高职教师不同成长阶段对比分析结果。分别对访谈的问题按照不同的成长阶段进行距离相关分析，得到值向量余弦矩阵，其相似性对比如表 4–15 所示。

表 4–15　不同成长阶段关于访谈问题的相似性对比表

阶段对比	对应然具备的个人理论			对实然具备的个人理论		对欠缺知识的个人理论	
	什么是有效教学	教师有效教学应具备的知识	卓越知识状态的理解	具备什么知识	这些知识是怎样形成的	欠缺哪些知识	如何达到知识卓越状态
新手与熟手	0.775	0.760	0.661	0.990**	0.808*	0.712	0.871*
新手与专家	0.425	0.665	0.662	0.991**	0.513	0.627	0.971**
熟手与专家	0.285！！！	0.715	0.667	0.999**	0.815*	0.217！！！	0.853*

注：* 表示显著相似（值向量余弦 >0.8），** 表示高度相似（值向量余弦 >0.9），！！！表示显著差异（值向量余弦 <0.3）。

从表 4–15 总体的相似性系数来看，高职教师不同成长阶段对应然具备、实然具备、欠缺知识的个人理论既有高度相似性，也有显著差异性。高度相似性体现在两个方面：高职教师对“具备什么知识”认知高度相似；对“如何达到知识卓越状态”的认知也体现出答案结构的显著相似，高职教师认为通过自主学习、教学实践、专业技术的社会服务实践三条路径可以达到知识卓越状态。显著差异性体现在熟手教师与专家教师这两个成长阶段对“什么是有效教学”“欠缺哪些知识”两个问题的回答上。高职专家教师认为其缺少的是前沿的专业知识，而高职熟手教师认为专业实践能力是其目前所欠缺的。

（3）各成长阶段的高职教师对应然具备的个人理论对比分析。高职教师对应然具备的个人理论是指高职教师对已有相关理论和实践经验融合形成的对“自己应该具备的方面”这一问题的理解和看法。本研究主要从有效教学、有效教学必备和卓越知识 3 个访谈问题采集个人理论。将新手教师、熟手教师、专家教师的访谈文本中有关教学必备和卓越知识的编码百分比排在前三位（含并列）列出来进行对比（表 4–16）。

表 4-16 不同成长阶段高职教师对应然具备的个人理论的编码占比前三位对比表

	新手教师（21 人）	熟手教师（43 人）	专家教师（12 人）
什么是有效教学	学生发展（47.62%） 学生参与（38.10%） 教学设计（38.10%） 教学理念（28.57%）	学生发展（41.86%） 完成目标（25.58%） 学生参与（25.58%） 教学目标（25.58%） 教学设计（23.26%）	教学设计（41.67%） 教学内容（25.00%） 课堂管理（25.00%） 学生参与（25.00%） 教学目标（25.00%） 教学技能（16.67%） 学生发展（16.67%）
有效教学应该具备	专业知识（66.67%） 课堂管理（42.86%） 教学设计（47.62%）	专业知识（53.49%） 教学技能（39.53%） 课堂管理（32.56%）	专业知识（91.67%） 课堂管理（50.00%） 专业实践（50.00%） 教学设计（41.67%）
卓越知识应该具备	深厚知识（71.43%） 社会服务（42.86%） 动态更新（28.57%） 社会实践（28.57%）	社会服务（34.88%） 动态更新（34.88%） 深厚知识（25.58%） 轻松教学（25.58%） 前沿知识（16.28%）	社会服务（50.00%） 深厚知识（33.33%） 轻松教学（33.33%） 社会实践（25.00%） 前沿知识（25.00%）

在对有效教学应该具备的回答中，“专业知识”“课堂管理”在不同成长阶段都被当作高职教师的必备技能。专家教师与其他成长阶段的不同点是其选择专业知识的比例最高，且注重“专业实践”，说明专家教师对“专业知识”和“专业实践”在高职有效教学中的作用的理解最透彻。无论从访谈中看，还是从学术资料中看，对于高职课堂教学而言，最难的部分是学生存在的问题，如“基础较差、自我约束能力不强、以最低录取分数线入学的，相当一部分人学习基础较差、学习动力不足”①，访谈中有教师反映“部分学生参与意愿不强”“上课人数多，指导不过来”“学生上课玩手机”“讨论不积极，自学不专心”“上课容易分心”等。每位高职教师几乎每天都在为做到有效教学而努力。

新手教师、熟手教师、专家教师对“什么是有效教学”这个问题的回答差异较大，且熟手教师与专家教师具有显著性差异（表 4-15，值向量余弦值 <0.3）。由表 4-16 可以看出，熟手教师在对高职有效教学的认识中体会到高职教学过程中的学生问题和困难，开始了解课堂管理的重要性，更加注重学生

---

① 杨德广、焦贺丽：《高职院校教育教学有效性研究》，《教育发展研究》2009 年第 21 期。

的课堂参与和教学目标的完成效果。专家教师对有效教学的理解更加具有逻辑性，更加注重教师的教，以教师的教带动学生的学，喜欢以高职教师自身因素为出发点寻找有效教学的方案。有位专家教师这样说道："我们无法选择要面对怎样的学生，但可以选择培养出怎样的学生。能将这样的学生培养成对社会有用的人，才能真正体现教师的价值。"一位副教授表示"能让学生认可、接受的课才算是有效教学"，这句话代表了很多高职教师的心声，也正是这样简单的理由开启了高职院校轰轰烈烈的教学改革，使行动导向教学、任务引领、角色扮演、小组讨论等各种教学方法在高职院校的课堂教学实践中得以实施。任何一种方法都可能是有效的，也可能是无效的，可能对 A 学生有效，但是对 B 学生无效；任何情境因素的判断决策都需要高职教师具备足够的知识和能力进行掌控和选择。

新手、熟手、专家高职教师对卓越的知识状态的理解既有相似之处，又有区别。专家之所以会成为专家，就是因为他们在某种领域所掌握的知识的数量和质量不同于新手。[①] 大多数高职教师都认为其应该具备能够实现社会服务应用价值的知识、深厚的专业知识，并能动态更新掌握前沿知识、专深的专业实践知识和能力。这体现了高职教师以服务为宗旨的教学理念，高职教师所具备的知识要有利于实现服务地方经济、产业升级、生产技术目标，能满足行业、企业对技术的需求。因此，高职教师不仅要具备扎实的专业知识，还要时时关注自己专业领域的前沿技术动向，同时具备高深的专业实践知识和经验。在访谈中，一位教龄为 14 年的教师表示："在这么多年的高职教学生涯中，有时候觉得很沮丧，很多时候有一种上课无力感，总是有一些棘手的事情发生，激励学生很难，觉得教学理想很丰满，现实效果很骨感。"高职教学并不是一件容易的事情，高职教师在课堂上遇到的问题需要自己独自面对，当没有丰富的理论知识、实践经验的积累，也没有平台助力的时候，就很容易出现这种"职业高原"反应。

总而言之，新手教师对应然具备的理解和认识相较而言比较浅薄，专家教师对应然具备的理解更为深刻。高职教师应然具备的知识应该具有两个功能：一是游刃有余地教学，二是服务地方经济发展。具体来讲，高职教师应该具备深厚的、前沿的专业知识以及专深的专业实践能力。

（4）各成长阶段的高职教师对实然具备的个人理论对比分析。高职教师对实然具备的个人理论是指高职教师对已有相关理论和实践经验融合形成的对

① 皮连生:《知识分类与目标导向教学——理论与实践》，华东师范大学出版社，1998，第12页。

“自己已经具备的知识”这一问题的理解和看法。本研究主要从“具备什么知识”“这些知识是如何形成的”这两个问题收集高职教师对已有知识的理解和认识，从“做过的科研项目和社会服务项目”这个问题了解高职教师科研和社会服务的实际经历。将新手教师、熟手教师、专家教师的访谈文本中有关“科研、社会服务经历”“具备什么知识”和“这些知识是如何形成的”的编码百分比排在前三位（含并列）列出来进行对比（表 4-17）。

表 4-17　不同成长阶段高职教师对实然具备的个人理论的编码占比前三对比表

	新手教师（21 人）	熟手教师（43 人）	专家教师（12 人）
科研、社会服务经历	教育科研（0.00%） 应用研究（78.26%） 社会培训（13.04%） 技术服务（8.69%）	教育科研（34.88%） 应用研究（53.48%） 社会培训（20.93%） 技术服务（90.30%）	教育科研（33.33%） 应用研究（100%） 社会培训（25.00%） 技术服务（100%）
具备什么知识	专业知识（90.48%） 教学知识（19.05%） 实践知识（14.29%）	专业知识（90.70%） 教学知识（32.56%） 实践知识（16.28%） 职教知识（4.65%）	专业知识（100%） 教学知识（41.67%） 实践知识（25.00%） 职教知识（16.67%）
这些知识是如何形成的	学校教育（85.71%） 教学实践（61.90%） 科研项目（28.57%）	教学实践（74.42%） 学校教育（53.49%） 自主学习（32.56%）	自主学习（66.67%） 教学实践（58.33%） 学校教育（58.33%） 社会服务（50.00%）

高职教师各成长阶段实际具备的科研、社会服务实践能力差距很大。新手教师大多只是在研究生期间随导师做过技术应用方面的项目研究，参与过一些社会培训项目，教育科研和技术服务经验较少；熟手教师的社会服务能力相较于技术科研能力较弱；专家教师的技术服务和技术应用研究能力最强，但较少参与教育科研和社会培训。从专业角度看，管理类的高职教师社会服务项目的形式大多是参加企业的培训项目。总体来看，高职教师的社会服务项目的服务能力和实践经验是高职教师成长的重要指标。

各成长阶段的高职教师对“具备什么知识”和“这些知识是如何形成的”的认识具有高度相似性。所有教师对自己具有专业知识高度认知，但对教学知识和职业教学知识则相对忽视，教学知识和职业教学知识更像是高职教师所具备的隐性知识。新手教师对职业教学知识“集体失语”，没有一位被访谈的

新手教师提到职业教学知识；提到具备职业教学知识所占比例最大的是专家教师。由此可见，随着从新手到专家的成长，高职教师的知识在逐渐增加，同时知识结构在不断优化。

对于知识形成的途径，新手与熟手、熟手与专家教师的答案显著相似，新手与专家却存在很大的不同。新手教师以学校教育为主、教学实践与科研项目为辅形成所具备的知识，熟手教师以教学实践为主、学校教育与自主学习为辅形成所具备的知识。可见，熟手教师知识的形成中教学实践非常重要。专家教师比熟手教师多出“社会服务”这个重要的知识形成途径，结合专家教师的科研、社会服务经验可知，专家教师知识的形成离不开社会服务实践。

（5）各成长阶段的高职教师对欠缺知识的个人理论对比分析。高职教师对欠缺知识的个人理论是指高职教师对已有相关理论和实践经验融合形成的对“欠缺哪些知识”这一问题的理解和看法。本研究主要通过“欠缺哪些知识”访谈问题了解高职教师对知识的需求，通过“如何达到卓越知识状态”了解高职教师知识提升的途径。将新手教师、熟手教师、专家教师的访谈文本中有关欠缺知识和实现卓越途径的编码百分比排在前三位（含并列）列出来进行对比（表 4–18）。

表 4–18　各成长阶段高职教师对欠缺知识的个人理论的编码占比前三对比表

	新手教师（21 人）	熟手教师（43 人）	专家教师（12 人）
欠缺哪些知识	专业实践（57.14%） 专业知识（47.62%） 教学知识（38.10%）	专业实践（32.56%） 教学知识（27.91%） 理实融合（25.58%）	专业知识（50.00%） 专业实践（25.00%） 理实融合（25.00%） 现代技术（25.00%） 个人方面（16.67%） 教学知识（16.67%）
实现卓越途径	自主学习（47.62%） 社会服务（42.86%） 教学实践（38.10%）	自主学习（55.81%） 社会服务（32.56%） 前沿知识（25.58%）	自主学习（75.00%） 社会服务（66.67%） 教学实践（50.00%）

由表 4–18 可知，专家教师比熟手教师更加关心自己专业实践能力的提升，对知识的需求更加广泛，除了前沿的专业知识，还希望获得更多领域的其他知识。专家教师更能洞察时代需求的变化，更加关注知识的应用价值，要求不断

完善自我，强调理论与实践相结合。在问及“如何达到卓越知识状态”问题时，新手、熟手、专家的回答显著相似（值向量余弦 >0.8），总结为一句话：达到卓越知识状态的途径就是在教学实践、社会服务实践中自主学习，不断更新知识。

技术应用研究和社会服务是高职教师知识进阶的必经之路。76 位访谈对象中有 13 位教师既没有教育和技术研究经验，也没有社会服务经验，48 位高职教师没有社会服务经验，约占总访谈人数的 63%。在问及“什么是卓越的知识状态”这个问题时，理论与实践的融合是高职教师呼声最高的一个卓越知识状态的特征。一位工商管理专业副教授认为“解决实际问题，产生工作绩效”是卓越的状态；一位年轻的旅游管理专业教授认为“轻松自如授课”是理想的状态；一位刚刚工作两年的青年教师认为“卓越的知识状态应该是广泛学习专业知识并将所有的知识体系融会贯通，将其熟练地应用在实际教学或项目中，有效地解决所遇到的问题”。但同时有些教师表示没有想过这个问题，因为距离自己太远而不敢想。

三、叙事探究：知识环境的影响及对应案例

（一）探究缘起与方式

本节结合学校改革背景、政策背景以及教师个体成长经历，通过电话互动、深度访谈、现场交流、课堂观察等多种形式，形成了 10 万余字的访谈和现场观察文本。

（二）研究对象的选择

选取企业实践经历和入职时间不同的 6 位教师（表 4–19），对每一位教师的课堂进行观察，然后围绕教学话题进行自由式叙事性探究（表 4–20）。

表 4–19　访谈样本

样本信息
G 老师（男，入职 19 年，有企业工作经历，访谈录音 1.03 小时）
L 老师（男，入职 2 年，有企业工作经历，访谈录音 1.17 小时）
J 老师（男，入职 10 年，有企业工作经历，访谈录音 1.05 小时）
T 老师（男，入职 17 年，有下厂锻炼、企业培训经历，有企业认证资格，访谈录音 2.10 小时）
F 老师（男，入职两年半，有企业培训经历，有企业认证资格，访谈录音 1.08 小时）
H 老师（女，入职 13 年，有企业培训经历，有企业认证资格，访谈录音 1.30 小时）

表 4–20　课堂观察基本信息

课堂观察	入职后企业实践经历			入职前企业实践经历		
	T 老师	F 老师	H 老师	G 老师	J 老师	L 老师
主题	通用汽车故障检测技术	车身面漆工艺	奔驰汽车悬挂系统	联轴器的铸造工艺	交通灯的控制	锂电池正极材料
教学方式	边讲边练	讲授	任务导向	讲授	讲授	讲授
教室环境	理实一体教室	多媒体教室	理实一体教室	多媒体教室	多媒体教室	多媒体教室
学生人数	20	60	18	90	40	45
信息技术使用	—	提问	提问、讨论	—	—	—
学生参与程度	100%	0	90%	0	0	0
教师评价全校前 20% 总次数	6	1	1	26	0	0

从总体来看，6 位教师的课堂教学风格表现为两类：以学生为中心和以教师为中心。有 4 位教师的教学风格属于以学生为中心：T 老师采用边讲边练的方式，在理实一体教室引导全体学生参与训练；F 老师用风趣幽默的语言营造良好的课堂气氛，采用信息化手段不断鼓励学生回答问题；H 老师采用任务驱动小组学习方法，融入视频、信息技术等手段吸引学生注意力，要求学生展示结果，鼓励学生发现问题并总结归纳；G 老师的课堂是大班教学，专业一年级学生 90 人，G 老师选用生活化的例子引入主题，声音洪亮，情感饱满，营造了热情、轻松、幽默的氛围，全程高度关注学生的听课状态。J 老师和 L 老师教学风格属于以教师为中心，关注讲授教师自己的内容，缺少对学生的关注和与学生互动。

6 位高职教师可以分为适应良好和适应不良两种类型。适应良好型是指高职教师知识能适应变化的外部环境，展现出积极有效教学的现实状态；适应不良型是指高职教师不能有效适应高职教育的教学环境，教学中存在很多问题。

6 位高职教师入职前后的 PCK（学科教学知识）数量与分布情况如表 4–21 所示。

表 4-21　PCK 的数量与分布情况

		入职后企业实践经历			入职前企业实践经历			
访谈录音参考点贡献数量		T 老师	F 老师	H 老师	G 老师	J 老师	L 老师	汇　总
学生与内容知识	对学生内容理解的认知	3	2	2	4	0	1	12
	对学生掌握内容的要求和目标	2	2	9	1	1	2	17
	学生内容学习的评价维度和方法	5	4	5	0	0	0	14
	对学生应该学什么内容的信念	4	1	14	4	1	0	24
内容与教学知识	内容教学组织与安排	2	1	1	2	1	0	7
	具体主题教学方法	1	1	2	2	1	1	8
	关于特定内容教学表达	4	2	4	3	1	4	18
	对用什么策略教什么内容的信念	3	8	2	0	0	1	14
学生与教学知识	符合学生的学习特点的教学方式	2	3	0	2	0	1	8
	符合学生兴趣及特点的教学策略	6	5	0	2	0	0	13
	教学手段对特定学生的激发作用	9	4	3	2	1	0	19
	对用什么策略教什么学生的信念	16	7	4	5	1	1	34
汇总		57	40	46	27	7	11	188

T 老师对用什么策略教什么学生知识储备非常丰富，T 老师提出“要关注学生要点”“宠爱学生”“让游离的学生站到‘C 位’，提供‘VIP’待遇”“采用接地气的讲法”“懂得学生想什么，出了什么问题”等。T 老师对高职教学

有特殊的理解，认为高职教师就是“社会兜底的”，而且“兜的是有一技之长、不啃老的底”。他认为高职教师首先应该具备过硬的专业知识，能把知识讲透，让学生听明白、学得懂；其次应该“接地气”，和学生打成一片，理解高职学生的想法，能和学生对话，能说到他们心里去；最后应该制定适宜的教学策略，以应对高职学生的各种状况。

F 老师两年前成为教师，觉察到高职教学与普通高等教育教学的区别——注重实践操作，认识到自己实操能力弱，则谦虚地向两位实操能力强的优秀学生学习，还参与了企业系统培训和考核，具有企业认证资格证书。F 老师对实操能力的提升具有强烈的意愿，认为在实践教学中教师的实操能力必须过硬。他认为提高新教师教学质量最有效的途径就是模仿经验丰富的专家教师。

G 老师在 6 位老师中年龄最大、执教时间最长，实践经验丰富，对于难懂的专业知识可以用生动形象、生活化的语言表达，对学生的态度和善，批评学生讲究方式策略，且具有大型国企工作经历，教师评价进入学校排名前 20% 多达 26 次，教学深受学生的认可。G 老师在讲授过程中能用丰富的生活阅历和工作经历降低所讲内容的理解难度，并且关注学生的状态，经常走下讲台，走入学生中间讲解；G 老师将企业中的所见所闻融入课堂教学，在教学中补充企业实际工作内容，结合教材讲授实际应用的内容。他说：“本身跟我的经历有关，我在企业工作过，我加了很多课本上没有的东西，我去过今天上课讲的那个厂子，知道这个东西是怎么生产的，光课本上的内容比较偏离应用。”

J 老师任教 10 年，硕士研究生毕业后有一年半左右的工厂经历，在新筹建工厂从事与专业相关的工作，对各个方面的专业实践工作特别熟悉，但课堂效果不理想，80% 的学生不能积极参与教学过程。L 老师任教两年，有一年的企业工作经历，与现教授的专业关联不大，课堂效果同样不太理想。J 老师与 L 老师所讲内容流畅、专业，但学生听课处于游离状态，学生的参与度低。从访谈内容来看，J 老师和 L 老师缺乏差异化教学的相关知识，如谈到学生的时候，J 老师表示：“尤其这两年学生确实太难管了，不听你的。”“对所有学生都有效的措施还没有，只能是对一部分学生有效，比如说给他们先讲一些道理，课后选一些学生在实验室学习。”L 老师所讲的策略偏宏观，如改善理实一体教学条件等，没有谈及微观教学层面的具体策略。

（三）对应案例

1.T 老师：“一窍不通”到“游刃有余”

T 老师 1977 年出生，2002 年本科电气自动化专业毕业后被招聘到高职院校，后安排到汽车系，自修获得工程硕士学位，有 17 年的汽车专业教学经验，自学能力很强，从最初对汽车知识的一窍不通到 5 年左右的时间立稳汽车专业讲台，这期间到汽车修理厂做过维修工，拥有通用汽车认证证书，在理论和实践教学中游刃有余。

故事 1：“专业知识最重要”。

7 月份报到以后，新老师培训完了，也没有争取我的意见，学校把我分到汽车系了，刚开始有点不太乐意，觉得我学电气的，应该去电气工程系教课。但后来很快就觉得汽车是第一大系，也就挺高兴地去了。但是第一年上课的时候特别痛苦，因为没学过汽车专业知识，那就得补这部分知识。怎么补？自学。第一年就去车间里面实习，看关于汽车构造方面的各种书，然后第一年实习期满了就开始上课了。上课的时候刚开始确实压力比较大，那时候课也不算多，但是感觉这一星期都在备课。那时候有时晚上都熬到两点，天一亮就起来，除了吃饭、睡觉就是备课。这样的生活我大概经历了两年，但后来就适应了。第一年我刚开始上课的时候，督导组听课听得比较多，那时候我记得原来督导组的电气老师对我评价不高。当时是讲电路，被听课的时候多媒体无法使用了，那就得用粉笔画，讲的过程比较生涩。督导组李老师是电气系主任，专业很厉害，人家认为我讲得有错，还跟我探讨，说：“按道理多媒体不能使用了，这电路图就应该不用看书也能画得出来。”我当时情商太低，就直接说我画不出来。但我从来不认输，过了五六年以后，我就不用看 U 盘、不用看教材，直接就讲啥都行、咋讲都行，那时候电路图也可以随心所欲地画出来了。

后来督导组反馈说我态度不好，教得也不行，备课不充分，想直接把课停掉，就不允许我再上课了。我记得当时某位老师教课效果不好，就分配到图书馆去了。但是当时我们系主任对我比较了解，他认为我不存在那么多问题，就跟督导组进行了沟通，然后继续让我上课。后来教务处副处长来听我课，说我讲得挺好。当时刘处长跟我说：“你那么紧张干吗！你跟学生讲笑话的时候，自己都绷那么紧！”后来慢慢算是站稳讲台了，因为刚开始我也不是学师范的，也没有上过讲台，面对很多人讲课并没有经验，这些教学方法之类的，学什么、怎么学，都是自己领会、摸索的。

只有在对专业知识特别熟悉、特别了解的情况下，才能收放自如，才能去讲究幽默。如果连专业都不行，那么根本不可能做到游刃有余，还哪有时间和精力考虑别的问题？哪还能够观察下面学生怎么样，中间怎么穿插一个笑话，或者穿插一个幽默有趣的事？因此，只有充分理解和掌握专业知识，才能在教学中使用多样化的教学方法。

【按语】新手教师仅具备学科专业知识是不够的。他们往往缺乏职业专业背景的知识以及学科知识向学科教学知识转化的实践经验和方法指导。高职院校行政机构对新老师的组织安排和教学指导有利于促进高职教师本体性知识的形成。

故事 2："能解决实际问题的内容学生才会听"。

教师给学生讲的专业知识应该来自现实生活，而不是书本。其所教内容应是实践经验，能实际解决问题，只有这样，学生才愿意听。这种实践经验是怎么来的？依靠平时的积累！要想把理论知识变得很简单，就要找很多案例，如汽车维修杂志上的案例在现象、车型、故障、修理等方面都写得非常清楚。但是，教师在课堂上讲授的内容已经是文本化的东西，所以只有把理论与实践相结合，学生才能真正理解并运用知识。比如，如果学生没开过汽车，可以用摩托车或拖拉机进行对比，提示学生思考以下问题：为什么拖拉机启动的时候用手摇？为什么摩托车启动的时候用脚踹？摩托车无法启动时，为什么推一下也可以？这些问题是在学生十几年生活实践中实际经历过的，是他们想知道但是不明白的，这样他们就能听进去。所以说案例越简单越好，越实用越好，但这种简单就特别考验功底，没有十来年的知识积累，一般是达不到的。

学校要求必须下厂实习，2005—2006 年我去汽修厂待过半年，感觉收获很大。后来我每到周末，就去附近的蓝池集团看人家修车。去 4S 店看，有些事故车拆的时候我也跟着看看，周末没事了就在那里待着，帮帮忙、修修车。比如，那里有些车的发动机可能 20 年了，有的人觉得那是一堆废品，但是我觉得那是宝贝，这些与汽修相关的东西，每个我都能讲一个小时，如这是怎么回事、为什么这是单点喷射等，前前后后、从低级到高级的发展过程我都可以讲出来。把这些讲给学生听，就能把所谓的"垃圾"讲成有价值的东西，学生就会觉得有收获。企业实践经验多了，教师在实操教学中就会知道学生可能遇到什么困难，从而通过讲解使学生彻底理解。

我认为新老师参加企业培训的性价比并不高。比如，我们去上海参加通用培训，去一星期你说得花多少钱？一星期几千块钱，还有茶歇，喝着咖啡，可正规了，花钱可多了，实际上你学到了什么东西？我去郑州下厂的时候，来回车票才几十块钱，到那里租个房子住，一个月才三四百块钱，自己抱着被子过去，住小半年，没花多少钱，但我觉得收获非常大，因为去那里是真的在修车。老师成长到一定程度以后，再去企业学一些技术，也没有什么意思，应该去学专项技术。比如，周末的时候可以骑个电动车到4S店，看看师傅如何修理事故车，要是师傅愿意给你讲解，回去再找企业的维修手册或者资料看一看，就可能比企业培训学得更多，一分钱也不用花，对吧？所以说得看自己，你自己有大把的时间，比如，单身的时候，或者结婚以后没小孩的，或者有小孩有人管的，周末你可以去干这个事情。在你什么也不懂的时候，你就得先去实践。

【按语】高职教师具备实践工作经验对教学有很大的帮助。对于学生来说，能在教师那里学到有实用价值的知识，其学习积极性会更高。要想将实践经验转变为可教的知识，还需要高职教师在长期的实践中进行反思。

故事3：“接地气”“让学生信服”。

以前专业水平不足时，教师往往关注自己多，关注学生少，等专业水平上来以后，有能力关注学生了，就要在学生身上投入更多的精力。好学生你就得拉一拉，让他们拥护你、支持你，不能让这帮学生都与你离心离德，都跟你不亲近，这样你的课就没法上了。有这帮人支持你，在这儿听你的课，最起码你的课不会被停，而且你与学生互动时有人会配合你。如果这时候让你去管制一两个“刺头”，你不要去刺激他，不要跟他硬杠硬，你要给他“VIP”待遇。人就怕敬，多关注他，逮着机会就夸他。他想捣乱就捣乱，但是你要让他到好地方坐着；他有不会的问题，你要教给他；他前面没听的部分，你再跟他说一遍。你作为老师这么有耐心，这么给他面子，他也会觉得受宠若惊。有的学生可能从小没受过宠，那么你关注他、给他面子，他就会给你面子。如果他是确实不守规矩的，你就要事先跟他约法三章，大家都要遵守。如果你作为老师能做到这一步，我觉得就仁至义尽了。但现实中确实存在这样一种情况，那就是有的学生想学习，但是老师讲课有问题，讲得学生都不想学了。

社招的学生有村支书、退伍兵、做生意的，甚至有小包工头，这些人很少有好好上课的。有人会说：“老师你也别累着了，来抽支烟。然后要不这样，你把要点给我们，我们自己学，考试的时候我们来考一下就行了。”或者说有学生是真想学，人家目的性很强，如果老师的专业水平很差，课就没法上，因为学生有可能懂得比老师都多。所以，如果老师社会化程度不够，就很难管理好这些学生。

有一次课间休息时，我把发动机的钥匙落在了实训台上，等我回来后，发现钥匙找不着了，问谁谁也不承认拿了，这课还能上吗？这是捣蛋学生给老师闹难看呢。比如，女老师上课两手干干净净，在那儿坐着看书，学生要是看不惯了，就会抱一个发动机缸过来，直接朝她手里递，一沾就是一手油。那不是坑人吗？我们刚开始上班的同事中有老师打扮得干干净净的，教学生实践的时候在那儿坐着，学生在练，她也不去指导，这样两手干干净净地教实践，连学生都看不惯。这时候学生心里就会不服。

如果老师跟学生无法打成一片，学生也不会给老师面子。不管老师多么优秀，学生都不吃这一套。所以，老师要接地气。比如，请一些专家来教课，学生能听进去吗？专家设计的那些东西都是给好学生设计的，不适合高职院校的学生。高职院校的学生真的是各种问题都有，有懒惰的，有聪明的，也有特别滑头的，形形色色，老师应该怎么应对各种各样的人？学校让老师带优秀的班，老师可能觉得自己能教好，想带个差班试试看。等带了差班，老师可能就会觉得自己讲的东西学生无法听懂、理解不了。所以，老师得想开了，学生来这儿坐着，还能听老师讲两个小时的课，那就算是“有缘人”，因为就算学生不来，老师也无可奈何。当然也有一些学生社会化程度远高于老师，做事情目的性特别强。这些学生确实学习不好，本身就不想学，但是一旦他们发现学到的某些东西能挣到钱的时候，就会认真地去学，而觉得没有用的他们可能就不会再学习了。

高职教师要这样想，高职院校的学生的学习基础本来就比较差，在这种情况下，他们还能够接受三年高等教育，以便将来到社会上有一技之长，这就已经是高职教师对社会的贡献了。高职教师教学生是为社会兜底的，兜有一技之长、不啃老的底。

【按语】高职教师应该对学生的学习特征有深刻的认识，了解学生获得学习基础和职业技能的规律，在教学实践中增长智慧。面对高职教育与职业培训的结合，高职教师必须了解学生及其学习特点，只有这样才能适应未来面对多元化的学生的教育变革。

2.H 老师：从“半路出家”到“得心应手”

H 老师是汽车销售专业教师，在这一岗位上工作了 13 年。H 老师认为自己入职后参加企业系统培训收获很大，企业培训的内容对H老师的职业生涯产生了巨大影响，使其不仅从内容上重新认识了企业工作，还对企业品牌文化有了更深刻的认识。“我参加了梅赛德斯的非技术培训，知道企业需要什么样的人才，因此在教学中规划和设计了企业需要的内容。”H老师认为“产品更新换代太快，让学生背细节和参数没用，要教给学生讲解产品的思路，让学生清晰地了解客户要听什么”，“（企业的要求是）让学生养成一种习惯，刚开始是强迫，但慢慢就变成了血液里的东西”。她认为训练学生思维最为关键。

故事1：“内化引起质变”。

我本科学的是统计学，硕士学的是市场营销，现在教汽车销售课程，其实我属于半路出家，学得不是特别好，但是我觉得教学生还是没有问题的。来了以后就开始跟着鲁老师学汽车知识，学生一块儿听，开头两章还是能听明白的，到第三章就听不明白了，毕竟隔行如隔山，我发现理解起来非常困难。等我自己买了车以后，用的次数多了，才积累了一些汽车知识，同时我讲的营销课不涉及太深的汽车技术知识，更多的是教授一些销售方面的技巧。

关于汽车方面的知识，我现在也是一知半解，但我们主要讲的是汽车营销，不是技术的问题，不用管怎么修车，而是要把车的卖点讲出来，因此更加注重与客户的沟通和交流。

单纯从教学来考虑，外面有很多承担项目的老师，他们的课就是把一个项目从头讲到尾，全都是一个套路。高职教师对学生的管理是比较严格的，如果不点名，学生就可能在宿舍睡觉，或者跑出去玩，他们跟大学本科的那些学生的自我管理完全不一样，所以还是得点名。而且高职老师要多做活动，因为学生的注意力比较容易分散。我觉得应从老师的个人魅力入手，因为高职学生可能会因为喜欢一个老师而喜欢一门课。或者老师的知识要特别扎实，什么知识都能信手拈来，也会让学生佩服。所以说我觉得高职老师上课开篇一定要开好了，把学生震住了，学生就会愿意听老师的话。例如，我正在讲一门产品课，这是第三遍讲了，所以我比较有心得，这个班的学生目前来说也比较听话，他们会觉得老师讲得还不错，所以还愿意听下去。我第一遍讲这门课的时候就很痛苦，觉得自己不出色，对于课程内容也提炼不出什么东西，给学生讲的都是当初老师给我讲的内容，所以学生一听就觉得很无趣。现在就感觉内化了，会配合自己的经历，并将它提炼到一定的高度，学生就喜欢听了。比如说，我现在一直在说习总书记的“不忘初心，牢记使命”，我原来觉得这是特别有政治意义的 8 个字，现在我觉得这是任何一个品牌、任何一个人都一定要做到的事情。现在我在很多课堂上都不忘初心，我跟学生说“你要知道你为什么来上课”，学生就会觉得这老师讲的内容有自己需要的东西，就会喜欢听，因为这给他们一种点拨、开悟的感觉。同时，学生更喜欢听老师自己的东西，喜欢听老师自己的故事和经历，他们更在意老师所说的这个东西能不能跟自己产生共鸣。那么，内化是怎么做到的呢？其实就是突然发现自己所讲的内容能够和自己身边的某一段经历联系起来。比如，有的时候在讲课的过程中说到了“不忘初心”这一点，然后突然发现自己有能够结合的经历，以后再讲这一点时就会专门结合这段经历，内化就是这样一种从偶然使用到刻意设计的过程。当然，内化有的时候可能就是量变引起质变了，讲得多了，就开始慢慢加入自己的东西了。

【按语】高职教师积极适应的态度、不断加强学习的信念都有利于其知识的发展。

故事 2 :“企业培训”“让学生信服”。

今年我已经入校十几年了，之前也隐约地知道思维训练在“汽车消费心理学”这门课程中很重要，但一直没有悟出到底怎么教，直到今年接受梅赛德斯非技术培训，才突然发现企业需要什么样的人。我觉得还是要加强对学生的思维训练，我自己应当规划设计一下。而且，我发现文科考察一个人的思路，有思路就有出路。我的课里有 20 多个案例，需要学生在看完案例后自行解答，所以我就一直在脑子里想这个课要怎样进行操作。这时，非技术培训就给了我一些答案。去年去烟台培训的时候，奔驰那边的老师说，要想完成一个内容，就必须做思维导图，因为自己必须得知道大概学了哪些东西，而思维导图就能够比较容易地让人从宏观的角度去看这些东西，从而让自己记得更深刻。因为出去参加的培训多，且我已经做了十几年的教师，综合各方面的积累，就开始量变引起质变了。去年在烟台的培训，我去了两个 4S 店，我发现见识越多，就越有可能把知识糅合到一起，而如果本身的知识就少，再怎么做也糅合不到一起。比如说，自己学到的那些东西以及从网上找的那些东西都是需要积累的，各方参与进去以后，就比较容易引起质变。我去年加入奔驰培训项目，出差特别多，去年参加了一个年会，今年也参加了一个年会，然后在十几所兄弟院校之间进行相互沟通，因为大家都可能在上课时出现同一个问题，所以这方面的沟通会开阔自己的思路。因此，我觉得出去交流还是很有必要的。

【按语】高职教师应通过企业培训了解先进技术，获取行业最新资讯，通过借鉴其他教师的教学经验，再加上对课堂教学的反思，不断调整、改进教学内容和方法，从而更新自己的知识。同时，教师应加强校企课堂内外的信息交流，以教师知识作为纽带联结产业与教育，在教学层面做到产教融合、校企合作。

故事 3 :“管理学生要有智慧”。

我现在就觉得教学是最主要的，因为如果学生在课堂上认真听讲，我自己心里是特别开心的。我是特别情绪化的一个人，今天学生在课堂上表现得好，那么我一天都会很高兴，但是今天我感觉到我自己讲得不太好，学生表现得也不太好，那么我今天一天情绪就不太好。“公关礼仪”这门课最大的好处在哪里？在于它的互动比较多，因为我会在课上教学生打领带，所以学生的热情还是很高的。就算课堂气氛不太好调动，只有少数几个人在关注老师，剩下的人都在玩手机，但是完成的内容全部都做了思维导图，对他们来说也已经是非常好的一个训练了。学生可能在刚开始做思维导图的时候不知道怎么做，但是现在通过学习，起码知道这个东西是什么了，起码知道怎么去画大概的图了，那么他们将来去了企业就不会发怵，因为他们知道最基本的东西怎么做。虽然到了企业里再去感受思维导图的重要性也可以，但是现在还是要先学会它的画法，学了总比没学强，节节课都在做，连做 20 节课，那么结果肯定就不太一样。

跟学生相处真的是得有方法的。公关礼仪课我要求所有手机在上课之前都得放进袋子里，上课铃响以后就不允许再动了。然后有一个学生已经将手机放在那儿了，上课后，他自己又从后面跑到前面去拿手机，然后一边往教室外面走还一边打电话。当时我特别生气，就把他叫住了，问他：“你怎么回事？”那个男生长得特别高，就那么直愣愣地看着我。我说：“你不知道上课了吗？我们上课要求手机都放在前面，你怎么自己拿了？”然后他说他要打电话，也不说原因。我当时就特别生气，突然来了一句：“你就欺负我是女的是吧？”这是我现在都觉得特别丢人的话。然后我就走到他面前，跟他“大眼瞪小眼”。瞪了大概三秒，我突然意识到再瞪下去可能结果不太好，因为所有人都在看着我们，学生肯定也是爱面子的，公开处理这件事可能会让事情变得更糟糕。我把他叫出了教室，我问他打电话干什么，他可能也觉得来到了比较安静的环境，只有两个人了，所以态度就稍微软化了，他跟我说："老师，我要给家里打电话。"我说："你应该提前跟我说好了才对吧？你不要自作主张地去前面拿，你说我家里有急事，我要给家里回个电话，我就会让你出来打电话的。"然后学生说："好的，老师。"我就说："那行，你留在这儿打电话吧。"于是我就回到了教室，然后不一会儿他也进来了，我估计他也没打那个电话。给家里打电话这个事情不知道是否是真实的，但我就当它是真实存在的，这个事情就这样处理完了。所以说，如何处理学生突然出的"难题"，跟自己心态有很大关系。当然，我觉得跟个人的经历也有关系，这种事情经历多了，也就会用特殊的方法处理了，既保全学生的尊严，又不扰乱课堂秩序。

【按语】课堂教学管理是每一位高职教师需要面对的，因此高职教师应学会处理师生关系，学会理解学生，学会应对突发状况。这种知识是教师在实际的教学实践中生成的，带有一定的经验总结和反思。

3.F 老师："放下身段"向外部学习

F 老师注重实践操作，具有企业认证资格证书。

故事 1："模仿老教师"。

车辆也是大机械领域，但其实对我们来说汽车也是一个空白的区域。虽然我们现在不是都跟着老教师上课，但是我觉得跟着老教师上课，不仅是学习知识，更主要的是能学习他们是怎么教学的。其实跟老教师上课要是学业务知识的话，很少能应用于实践，因为他们对专科生讲得本来就有限。我跟老教师上课的学习重点是在教学能力上，在业务知识方面说实话没有什么太大收获。然后我就自己琢磨，发现我们班有两个比较优秀的学生在汽车这方面颇有研究，于是我就经常晚上叫上他们来实验场地进行实践，所有的东西都可以拆卸再安装，我也不在乎自己会不会了，毕竟要是再放不下身段，就更没法成长了。

我们刚来的时候听别的老师上课，尤其是模仿老教师上课。我举几个简单的例子：李老师上课特别幽默，我是从李老师那里学到怎么调动课堂气氛，怎么让更多学生参与进来的；于主任特别踏实，知识储备也很丰富；鲁老师知识储备量更大，可以说整节课都是滔滔不绝地讲到哪聊到哪。

老师的理论水平很重要，知识储备量一定得够。我的知识储备量太小了，尤其像我们汽车专业的，很少有科班出身的，即便有科班出身的，研究生时期学的也是纯理论。只有知识储备量够大，才能在讲课的时候游刃有余，得心应手。

【按语】青年教师要向老教师学习，可以先从模仿开始，捕捉无法用语言表达的教学隐性知识，再在教学实践中应用并反思。在这个过程中，青年教师的知识会不断地增长。

故事 2 :“多担责任，成长得快”。

我们系推行职教云平台以后，我是第一个接触的，一直在琢磨怎么把它用好，因为大家对这个平台都不太熟悉。然后我就在琢磨，如果大家有什么问题，我可以与他们相互交流。我也是逼着自己在成长。我平时就想着怎么调动学生，让他们都参与进来，不管是不是真正想学的，哪怕他不学，只是参与进来跟我互动，我心里也觉得比较高兴。我的目的就是让更多的人参与进来，真正跟着我听完全程的课。确实学生中有好多人是在这里混日子的，但我觉得还是要让真正想学的人学到知识，哪怕资源给他们倾斜一点，也要让他们学好。我觉得高职教师要做好两点，一是自己业务扎实，二是不能打击学生的积极性，要真正把他们当成朋友，把他们教好。课下可以想办法和学生沟通交流，缩小彼此之间的距离，这样他们才能和教师打成一片，才有利于课堂教学的开展。

【按语】系部层面的教学改革为青年教师的快速成长提供了环境。青年教师在担当责任中不断增长知识，掌握技能，快速成长。融洽的师生关系是高职教学质量的保障，青年教师与青年学生有天然的亲近感，青年教师将更好地助力学生成长。

故事 3 :“实践磨炼真知识”。

我觉得好多教师的实操能力弱。相较于学生来说，虽然教师对新鲜事物的接受能力比他们强，但真正实操未必有他们熟练。我比较佩服罗老师，他的教学水平很高，教学能力很强。平时遇到什么问题，只要找罗老师，一般情况下是没有问题的，就是说他已经把整个车的知识都“吃透了”。我听说有老师去北京应聘当一个修理工，我觉得很佩服。我觉得一般的培训都侧重教学能力方

面的培训，知识业务方面的培训比较少，并且即便有也是比较局部的，不够系统。后来于主任也说后边可能要对我们组织相应的培训，当然是后话了。我去年去比亚迪培训了一周，听了一期之后就感觉收获特别大。

【按语】对于高职教师来讲，职业专长是教学专长的重要组成部分。能解决职业实践问题的教学才是有效教学。

第五章　高职教师知识的需求鸿沟

知识在专长形成中起着决定性作用，高职教师的知识必然要从实然状态转变为职业专长和教学专长的应然状态。应然专长与实然知识之间存在巨大的鸿沟，这也为教师提供了发展空间。只有认清应然与实然的差距，找到高职教师专业发展中存在的问题，根据需求寻找解决方法，才能优化高职教师的知识结构。

一、形成职业专长的知识需求

（一）职业学科专业知识的需求

教师所学学科专业知识与所教学科专业知识无法完全匹配，主要是因为其所学专业与所教专业不同。通过调查研究发现，高职教师存在知识应然和实然的巨大鸿沟。“教师必要的知识本身并不能说明他们教学上的成功。”这是肯·贝恩利用15年的时间观察研究了不同大学各个学科近百名卓越教师后得出的结论之一。很多高职教师都有类似的经历，他们发现教学实践与自己所学的知识存在很大的差距，面临着因欠缺专业知识和经验导致PCK不足的挑战。J老师被安排上其他教师上不了的课，原因是其具有丰富的企业工作经验。事实上，J老师也是第一次上这门新课，同刚毕业的教师一样，他要花费大量精力去备课，他说自己要像学生一样从头学起。高职教师应该具备丰富的理论和实践知识，如教学知识、课程知识等。事实上，由于高职教师的来源、经历、专业背景、从教时间等方面存在差异，每一个教师所具备的实然知识与应然知识之间也存在很大的差异。因此，我们必须重视高职教师知识应然和实然之间的鸿沟问题。

高职教育的特点是以职业技能实践为逻辑起点、以实践试错获取实践能力

为教学目的。乔治·怀斯（Geroge Wise）认为，技术和科学分属独立的知识领域，他“把技术看作开始靠试错法，而现在是通过运用科学来构建的各种知识，这更符合历史的记载”[①]。正如劳丹所说的那样，“实践者的知识转换在技术发展中发挥了关键的作用”[②]。

（二）职业实践知识的需求

从“您具备哪些知识体系”这个问题的回答中可以看出，92.11%的被访者都认为自己具备了专业知识体系，但很少提及教育知识和职业教育知识。在谈及什么是有效教学以及高职教师在有效教学中应该具备哪些知识的问题时，几乎每位教师的回答都是基于教学实践经验做出的，有些教师表示这两个问题非常难回答。这说明高职教师并不具备足够的高职教育理论知识。

F老师对实操能力的提升具有强烈的愿望，他认为在实践教学中，教师的实操能力必须要过硬，企业培训和自我学习对其实操能力的提升非常有帮助。他认为，提升新教师的教学实践能力最有效的途径是让他们模仿经验丰富的专家教师；培训对教师明确学生应掌握的内容、掌握评价学生学习的维度和方法非常有益。

高职教师对“卓越状态”的描述如下：具备深厚的专业知识（39.47%）和专业实践能力（17.11%），并能动态更新专业知识（30.26%），能够游刃有余地进行教学（26.32%）和社会服务（39.47%）。通过教师对卓越状态的描述可以看出高职教师现阶段存在的问题，根据“没有的才会更加渴望”的心理学规则，可以看出高职教师对专业知识水平、教学能力和社会服务能力提升的期盼。同时说明在现实中，高职教师在这些方面存在一定的问题和不足。这可以通过“欠缺什么”的问题分析得到充分验证。教师的知识基础并不是一成不变的，舒尔曼认为，教师知识基础中的许多部分有待被发现、创造和改善。

（三）职业研究知识的需求

高职院校中参与科研的教师的数量不足，而且水平有限。有的学者认为，高职教师缺乏科研实践经验、科研能力不足，主要原因是高职教师缺乏创新精

① 肯·贝恩：《如何成为卓越的大学教师（第2版）》，明廷雄、彭汉良译，北京大学出版社，2014，第25页。

② 沃尔特·G.文森蒂：《工程师知道什么以及他们是如何知道的——基于航空史的分析研究》，周燕、闫坤如、彭纪南译，浙江大学出版社，2015，第2页。

神、疏于理论学习、专业知识缺失等。[①]2017年，华东师范大学职业教育与成人教育研究所做的关于高职院校承担的科学研究课题的调查研究发现，有68%的高职教师没有开展过国家级课题的研究工作。黄达人和很多高职院校的院长都认为，目前高职院校的科学研究水平是制约其发展的瓶颈之一。“按照高等教育的规律去办学，高等教育的功能有四项，即人才培养、科学研究、服务社会、文化传承，但很多高职院校还停留在第一个功能上。”[②]有的院长表示没有研究，高职院校就不可能获得根本上的发展。[③]如果不做研究，高职教师的水平怎么提高，又怎么培养出高水平的技术型人才？原天津职业大学校长董刚教授认为，高职院校的科研工作薄弱的原因主要有三个：一是年轻教师居多，能力有限；二是院校的科研导向不够明晰；三是高职院校的教学任务很重，没有更多的精力投入科研中。[④]

笔者在访谈中发现，很多青年教师，尤其是刚刚入职的青年教师，并不理解职业教育的常用概念和教学理念。青年教师在职业教育工作中热情高涨，渴望参与社会服务，但苦于没有门路。一位基础课青年教师这样说：“我有时间也有兴趣参与社会服务，但是并没有此类机会。”

从表5-1中可以看出，高职教师社会服务参与比例不高。这可能是由院校政策的导向造成的。

表5-1　教师科研和社会服务参与情况

职　称	科学研究参与情况		社会服务参与情况	
	教育科学研究	技术应用研究	企业培训服务	技术应用服务
助教	0	84.21%	5.26%	10.53%
讲师	26.92%	50%	23.08%	7.69%
副教授	33.33%	77.78%	25.93%	48.15%
教授	66.67%	66.67%	33.33%	33.33%

① 沃尔特·G.文森蒂：《工程师知道什么以及他们是如何知道的——基于航空史的分析研究》，周燕、闫坤如、彭纪南译，浙江大学出版社，2015，第4页。

② 王彩凤：《高职院校教师科研素质存在问题与对策思考》，《河南师范大学学报（哲学社会版）》2012年第1期。

③ 黄达人：《高职的前程》，商务印书馆，2014，第78页。

④ 同上书，第13页。

助教在教育科学研究和社会服务中的参与比例均相对较低，而参与技术应用研究的比例最高（这是因为助教在研究生期间会跟随导师参与技术应用方面的研究），在教育科学研究方面是零参与（图 5-1）。

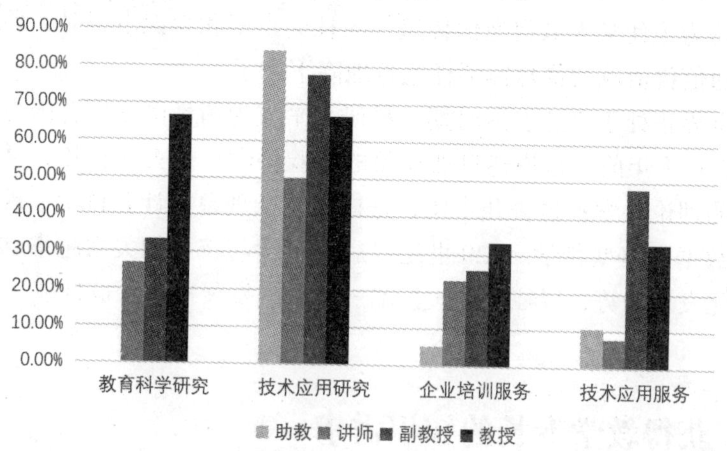

图 5-1　分职称的教师科研和社会服务参与情况

从技术应用研究和技术应用服务看，副教授以上职称的教师是实践活动的主要参与者。另外，教授对教育科学研究的贡献也很大。可以说，具有高级职称的高职教师是进行科学研究和社会服务的主体。

高职教师应该怎样做科学研究？原温州职业技术学院院长丁金昌教授这样要求他们的教师："三能"——能上理论课，能指导实训，能做"立地式"研发。[①] 这里的立地式研发是相对于研究型大学的"顶天式"科研而言的，即强调立足本地企业，为区域经济发展服务，满足区域或行业技术创新、产品开发、成果转化、项目策划等需求。[②] 通过立地式的科研服务解决企业的技术难题，为企业培养所需要的人才，这才是吸引企业开展校企合作的动力来源。

有的高职院校院长认为，高职院校的"研"与普通大学的"研"不一样，普通高校是上游研究，高职院校是下游开发，高职院校主要是对上游的科研成果进行转化和再开发。同时，从企业方面看，实力强的企业找科研水平高的普通高校合作，实力弱的需要具体工艺的改进和流程改造的企业则不愿意将钱投入与高职院校的科学研究合作中。这使高职院校的科学研究和地方服务处于十分尴尬的境地，没有平台，无法培养自己的科研人才，从而造成恶性循环。目

① 黄达人：《高职的前程》，商务印书馆，2014，第 66 页。
② 黄达人：《高职的前程》，商务印书馆，2014，第 97 页。

前，高职教师的科学研究多是被迫式的研究，其主要目的是评聘更高级的职称。维纳的《人有人的用处——控制论与社会》中的一段话充分解释了为什么高职教师正在做无效的科学研究："当存在着不需要通信的通信，这种通信之所以存在只是为了使某人取得通信传道师的社会声望和知识声望时，那么消息的质量及其通信价值就会像秤锤那样笔直地降下来了。"①

当今世界正处于飞速发展时期，科研水平成为衡量国家综合国力的一个重要指标。②几千年前，是描述自然现象的实验科学；过去几百年，是以牛顿定律为代表的理论科学；过去几十年，是模拟复杂现象的计算科学；现在是大数据探索的数据密集型科学。③20 世纪以后，科学与技术的关系越来越密切，呈现出一体化发展趋势，以往生产—技术—科学的发展模式已被打破。④

二、获得教学专长的知识需求

（一）教学方法知识的需求

在关于高职教师的研究中，Adoniou（2015）指出，教师对如何将教学知识转化为学科教学知识的方法掌握得较少。⑤这形成了巨大的知识鸿沟。在调查高职学生不喜欢教师哪些特点时，学生指出，教师在教学内容、教学能力和教学风格上的问题较多，如"讲课枯燥乏味，不和学生互动""死板，上课无聊，把讲课当成工作，不管学生懂不懂，重要的是自己讲完""把不好的情绪带到课堂上""古板，平淡，讲课没有结合实际"等。只有高职教师整体水平得到提升，才能培养出更多技术技能人才。

Haggaty 等（2011）对 17 名初入学校的教师的研究发现，只有三分之一的教师认为学校背景知识和教学知识一样重要。教师开始职业生涯时，对学校如何运作一无所知，也不知道学校背景知识会怎样影响着他们，或者在这样的环境中应该如何工作。另外，他们对社会政策、影响学校和教学的知识的了解

① 维纳：《人有人的用处——控制论与社会》，陈步译，北京大学出版社，2010，第 121 页。

② CODATA 中国全国委员会：《大数据时代的科研活动》，科学出版社，2014，第 1 页。

③ 同上书，第 4 页。

④ 李曙华：《从系统论到混沌学》，广西师范大学出版社，2002，第 27 页。

⑤ Misty Adoniou, "Teacher Knowledge: A Complex Tapestry," *Asia-Pacific Journal of Teacher Education* 43,no.2(2015):99-116.

有限。

（二）教学策略知识的需求

教学既是一门科学，也是一门艺术；教学活动既是一个认知过程，也是一个情感过程。专家型教师情绪稳定、理智、注重实际、自信、批判性强，将自己的全部身心和精力投入教学活动中，对职业成就有很高的追求。[①] 对于教师而言，教学是其主要工作，作为教学主体，有效教学不仅体现在外显的学科知识和教学知识传授上，还体现在内隐的情感、态度、价值观培养上。教学情感是在教学情境中教学主体因教学活动而产生的对教学客体的态度体验，这种态度体验基于教学、指向教学。[②] 教学情感表现为对教学理念的坚持，对教学目标的认可和热情，是教学情境中传递的美感、表现的情绪和对学生的态度等。学者德雷福斯表示在职业技能的获取过程中，需要投入大量的情感。罗杰斯通过研究发现，职业教育课程情感方面的内容比能力方面的内容更重要，他认为情感和态度方面的内容应该置于职业教育课程的首位。[③] 高职教师在教学中，以学生的职业技能获取为最终目标；教学内容应融入审美教育，注重对职业美感的传达，让学生体验到职业工作的价值和美，由内心生发出对职业的热爱和喜欢；教学过程要融入教学艺术，注意积极教学情绪的外显和表达，尤其不能吝啬对学生的关爱和喜爱的情感表达，遵循职业教育在试错中迭代改进的教学规律，在操作安全的前提下，包容学生理论和实践学习中出现的失误和错误，鼓励学生勇于尝试。情绪劳动是教师工作中必不可少的一部分，要想获取教学专长，教师需要投入情感，高职教学尤为如此。

（三）教学实践知识的需求

正如科克（Kirk）等人认为的那样："教师对课程变革的发言权取决于其具体情境中的课程实施，由于其工作的性质，教师对制度性话语的贡献并不能跟学科专家相比，或跟教学法专家相比。教师的专业性根植于其工作的具体情境中，如学校的情境、课程方案情境、课堂的情境等。他们沉浸在课程实施的具体情境中，并从其中提出自己的观点。"[④]

---

① 连榕：《新手—熟手—专家型教师心理特征的比较》，《心理学报》2004 年第 1 期。

② 屠锦红：《教学情感研究引论》，《湖南师范大学学报》2014 年第 3 期。

③ 徐国庆：《职业教育课程论》，华东师范大学出版社，2008，第 161 页。

④ David Kirk and Doune Macdonald, "Teacher Voice and Ownership of Curriculum Change," *Journal of Curriculum Studies* 5 (2010): 551-567.

理解和研究学习中的问题有利于增长技术技能教学知识。技术技能教学知识一部分来自教学研究成果（他人的和教师自己的），一部分来自实践智慧，包括在实践中反思、总结、归纳的经验和知识。由此看来，技术技能教学知识是一种应用性知识。

高职教师知识在教育实践中应用和选择，在职业实践中获取和传播，因此高职教师知识与教育和职业实践息息相关、紧密相连。高职教师知识的实践性包含着领域特殊性、时间依赖性和情境应对性三个具体特性。所谓领域特殊性，是指高职教师所具备的知识和基于职业领域的工作实践，体现出了领域的差异性。所谓时间依赖性，是指高职教师知识在教育实践中积累，在职业实践中与时俱进。所谓情境应对性，是指实践中应对方式的不可预见性，高职教师在具体实践情境中感知并依据感知做出应对。高职教师知识的实践性和情境性赋予了高职教师知识的另外一个特征——复杂性。复杂性体现在高职教师知识在复杂多样的实践情境之下的多样性和适应性。霍兰德指出，适应性造就了复杂性，多样性知识是对环境情境的复杂性的适应。

三、适应环境变革的知识需求

信息化教育环境下，高职教师需要不断丰富自身的知识体系、调整自身的知识结构。

（一）教学环境信息化对信息技术教学知识的需求

没有信息化就谈不上现代化。网络信息时代，信息技术应用于各个领域，教育教学环境越来越信息化与智能化，教育信息化是教育现代化的基础。国家对教育信息化非常重视，先后出台了《教育信息化十年发展规划（2011—2020年）》《教育信息化“十三五”规划》《教育信息化 2.0 行动计划》等文件，彰显和突出了信息技术对教育的革命性影响。早在 2011 年，国家颁布《教育信息化十年发展规划（2011—2020 年）》时就提出“现代信息技术与教育深度融合”。《教育信息化 2.0 行动计划》指出：“到 2022 年基本实现‘三全两高一大’的发展目标，即教学应用覆盖全体教师、学习应用覆盖全体适龄学生、数字校园建设覆盖全体学校，信息化应用水平和师生信息素养普遍提高，建成‘互联网 + 教育’大平台，推动从教育专用资源向教育大资源转变、从提升师生信息技术应用能力向全面提升其信息素养转变、从融合应用向创新发展转变，努力构建'互联网+'条件下的人才培养新模式、发展基于互联网的教育服务新模式、探索信息时代教育治理新模式。"在这样的教育信息化规划下，高职院校信息化教学环境不断改善，信息技术深度融入教育教学全过程，各种精品在线开放课程不断涌现，教学资源建设持续增温，高职教师知识的信息化程度在信息化改革推动下将不断提升。这要求高职教师不仅在教学中具备使用信息技术的能力，还要求高职教师能开发信息化教学资源，引导学生使用海量的信息化资源，加强教学方法、模式的创新，向课堂要效率，翻转课堂，转变身份和方式，通过课程、教材、教法改革推动课堂革命。

马丁·卡诺努瓦和卡斯特尔斯描述了信息时代工作所需的知识："信息时代工作的鲜明特点是知识的集中性，尤其需要'便携式'的综合性知识，而不是某项工作或某家公司的专门知识。"[①] 对于知识社会来讲，高等职业教育教学欠缺对狄克逊·霍默所说的"独创性鸿沟"[②]（独创性的迅速增长的需求和供给的不足之间的落差）的充分认识。信息技术基础设施不断升级，智慧校园、教育大数据等应用技术与教育教学不断深化融合，各种网络教育资源犹如雨后春笋般随处可查，信息时代教师的角色和教学环境发生了颠覆性变化。从原来的以教师为中心的讲授转向以学生为中心的翻转课堂，教师的角色从知识的传授者转变为学习的指导者。突如其来的新冠肺炎疫情，加速了整个教育的信息化进程，教师不得不采用线上平台、资源和教育信息技术，变革教学方式和方法。T老师在职教云平台授课，课件、习题、实践操作用的工单都是自己准备的，他认为信息化教学手段不适合实践考核，教学资料应该及时更新。H老师觉得信息技术带来的结果是一开始很麻烦，"原来我们都觉得太费劲了，因为信息化资源建设的过程很麻烦"，后面觉得使用起来方便，"未来十年我只要更新就可以了"。H老师应用职教云平台进行课前、课中、课后的信息化技术应用教学，课前准备课件和习题，会支持打卡点名，课前习题测试，内容的调查选择，摇一摇选择学生回答问题，课中发起讨论（交互形式）。F老师擅长用信息技术手段开展教学，"网上资源对于理论课教学挺好用"，强调学生的动手能力，"学生练到熟练，课时量要够，要反复拆装"。

---

① 安迪.哈格里夫斯：《知识社会中的教学》，熊建辉、陈德云、赵立芹译，华东师范大学出版社，2007，第9页。

② 同上书，第12页。

（二）教学对象多元化对学习者知识的需求

作为高等教育发展中的一个类型，高等职业教育具有教育与职业的跨界性，是帮助学习者实现社会化的教育，服务于国家战略实施、产业经济发展和社会就业等。从学习者来看，随着百万扩招计划的实施和终身学习社会的建设，高等职业教育招生越来越多元化，除了适龄学习者之外，还有农民工、下岗职工、退役军人等新增社会劳动力，他们的个体知识差异悬殊，这为高等职业教育带来了新的挑战。《教育部关于职业院校专业人才培养方案制订与实施工作的指导意见》（教职成〔2019〕13 号）指出“对退役军人、下岗职工、农民工和新型职业农民等群体单独编班，在标准不降的前提下，单独编制专业人才培养方案，实行弹性学习时间和多元教学模式”。职业教育趋向学习终身化。高等职业教育高质量发展意味着接收更为广泛的学习者，不仅包括适龄学生，还包括新型农民、在职员工、退役军人等，兼顾学历教育和职业培训，育训一体，为产业转型升级培养高水平技术技能人才，为新增劳动力增加就业机会。

事实证明，高职教师只有不断学习才能适应生源越来越复杂的教学现状。T 老师对社招学生的教学有自己的见解：“社招的学生，各类人都有，给他们上课肯定不好上。人有想学的，目的性很强，专业水平差的老师，没法给人家上。人家有可能比你懂得多。”他认为提升教师的社会化程度有利于应对学生多元化的挑战。T 老师认为高职学生虽然难管，但其管理问题学生的策略很多。

在高职教师谈及课堂教学问题的时候，谈得最多的是学生的理解力差和学生缺乏主动性，课堂参与度不高。有位教授大学语文的副教授这样描述：“个别学生在教学过程中配合程度不高，课堂任务完成情况不理想；由于班级人数较多，不能及时在课堂上将所有学生的问题与学生进行讨论和交流；由于大学语文是一年级的课程，所学的求职信等内容三年级毕业时才能用到，中间间隔时间较长，长期效果难以保障。”一位会计专业的副教授描述道：“部分学生学习主动性不高，上课需要不停提醒，课堂效率不是很高，课堂教学进度慢；多数学生没养成好的学习习惯；学生学习能力普遍弱；学生处理问题能力弱。”高职教师大多认识到学生的特点和现状，大多数高职教师通过调整教学内容和教学方式积极地应对学生存在的各种问题。一位副教授这样反省自我：“与学生沟通能力还有欠缺，导致对当前学生的阅读水平、理解能力判断起来容易产生偏差，对高职教育理论缺乏系统性学习。”

（三）教师专业发展社会化对更新职业知识的需求

教育政策将高等职业教育与社会产业经济联结得更加密切，强调多元社会主体参与、校企共育、校企人员互兼互聘。教育政策是政党和国家为实现教育目标、任务而制定的行动准则，是教育方针、政策的统称。教育政策对高职教师的准入、专业发展等方面都有明确的要求。“学历证书 + 若干职业技能等级证书”即“1+X”证书制度、教师企业实践制度、双师队伍建设机制等都属于高等职业教育政策社会化的典型例子。“1+X”证书制度是国家职业教育制度设计的重大创新。教师企业实践制度有利于促进高职院校教育理念的改革，教育部等四部门印发的《深化新时代职业教育“双师型”教师队伍建设改革实施方案》指出完善教师定期到企业实践制度，推进职业院校、应用型本科高校专业课教师每年至少累计 1 个月以多种形式参与企业实践或实训基地实训。联合行业组织，遴选、建设教师企业实践基地和兼职教师资源库。该方案还提出：“鼓励校企共建教师发展中心，在教师和员工培训、课程开发、实践教学、技术成果转化等方面开展深度合作，推动教师立足行业企业，开展科学研究，服务企业技术升级和产品研发。”

H 老师和 T 老师表示，与其他形式相比，企业培训对教学的作用更直接。企业实践经历作为高职教师必备的教学知识与高职教学密切相关。

第六章　高职教育高质量发展背景下教师知识的提升策略

高职教师的知识受职业环境和教育环境的影响。职业环境和高职教育环境的变化会引发高职教师的知识进化，从而使其适应环境变化。

一、搭建“双师型”教师培训平台，更新教师教育专业知识

职教师资培训的重点在于专业的最新发展状况、跨专业的知识和技能、专业实践技能以及职业教育学的相关知识。职教师资培训要关注专业知识与职业教育学知识的结合，以专业教学论为主，而专业内容主要关注教师工作中急需的新知识和跨专业的知识。[①]

（一）职业学科专业知识更新

高职教育要求高职教师同时适应教育与职业环境的变化，不断更新理论和实践知识。在《辞海》中，更新意为除旧布新。[②]知识更新不仅包括创造新知识，还包括摒弃旧知识。这需要教师对知识和学习进程本身持续地进行探索和自我思考。[③]知识的更新可以通过不断地学习来补充、获取，再加上内在的理解，从而调整知识的结构。同时，培养具有主动创新精神的人，怀特海认

① 谈向群、姜敏凤：《“专业教学论”与高职教师专业化培养》，《江苏高教》2011 年第 3 期。

② 夏征农：《辞海（上）》，上海辞书出版社，1999，第 152 页。

③ 维娜・艾莉：《知识的进化》，刘民慧译，珠海出版社，1998，第 27 页。

为“教育必须超越对他人的思想观念的被动接受，主动创新的力量必须得以加强”①。怀特海眼中的知识并非惰性知识，而是有活力、可建构的活性知识，其能够解决问题，能为教育目标服务。

职业技能型高校的本质属性是职业性，所对应的是职业学科。职业学科不是指具体的某门学科，它关注职业问题，是以职业为导向，利用知识，尤其是技术成果解决职业岗位中关键问题的一类学科。职业学科包括技术类学科和非技术类学科，以技术类学科为主。技术类学科是指以生产技术知识为基础的知识体系，如农牧技术学科群、采矿技术学科群、建筑技术学科群、信息技术学科群等。非技术类学科是指在职业岗位的知识体系中除了生产技术知识以外的知识所构成的学科，如人文类学科群、经济管理类学科群等。

高等职业教育高质量发展的主要特征就是实现人才的高质量培养，在培养更多大国工匠、能工巧匠的同时，实现社会劳动力的更充分就业。“以就业为导向，以服务为中心”是高等职业教育的使命和责任，也是其以职业性为本质属性的表现。培养职业胜任能力是不同阶段、不同层次职业教育的直接目标。职业胜任能力的培养以专业对接产业，通过创新产教融合方式和路径来实现。随着产业转型升级和新动能的持续涌现，技术技能人才的需求呈现复合型、创新型趋势，对高等职业教育高质量发展提出了新要求，人才培养需要适配产业岗位的需求，适应国家战略的需要。高职教育高质量发展既体现为适应产业环境、国家战略的需要，强调人才培养过程和结果的高质量。

（二）职业教育知识的补充

现有高职院校的教师来源主要有两个渠道，一是具有硕士研究生及以上学历的毕业生，二是有工作经验的企业专业技术人员。这两个渠道的高职教师对职业教育教学不甚了解，自然也缺乏职业教育知识。笔者在分析某所高职院校师生的调查问卷时发现，高职教师对高职学生的评价普遍偏低，71% 的教师承认课堂上与学生的沟通较为顺畅，但 46.6% 的教师认为很难激励学生；很多高职教师认为自己缺乏教学方法、教学策略，对基本的教育教学知识不了解，通常都是按照以往上学的经验讲课，缺乏教育理论的指导。很多教师将“能上课认真听讲，下课认真完成作业”当作优秀学生的标准，而这本应该是对学生学习的基本要求。同时，高职学生对教师所授教学内容的评价很少，认为教师只要“不死板就好”，在教师知识能力方面则希望教师具备渊博的知识，所讲

① 维娜·艾莉：《知识的进化》，刘民慧译，珠海出版社，1998，第 23 页。

内容丰富实用、有吸引力；不喜欢内容空洞、条理不清晰、课堂秩序混乱的课堂。学生对高职教师的期望和要求如表 6-1 所示。

表 6-1　学生对高职教师的期望和要求

评价维度	理想教师的特点	不喜欢教师的特点
教师个人魅力和素质	和蔼可亲；认真负责；成熟幽默	严厉苛刻；没有责任心；形象不好；坏脾气；唠叨；高傲自大
和学生的关系	尊重学生；朋友关系	总是批评学生；传播负能量；偏向、强势；人身攻击；不理解学生
教学能力	知识渊博；内容丰富；讲课易懂；有吸引力	内容空洞；知识点不集中；课堂秩序混乱；条理不清晰；不懂装懂
教学风格	调动课堂气氛；不死板；师生互动	死板；无激情；不以学生为中心；不交流、不互动

国外经验认为成为职业教育师资应先进行教育教学知识的学习。以德国为例，1973 年制定，1995 年修订的《职业学校专业教师培养和考核国家规范框架》中明确规定了职业学校教师的专业化培养包括为期 4 ～ 5 年的第一阶段学习和为期两年的教师预备实习。在第一阶段的学习中，职业教育教学法、专业教学法、心理学的学时比例占到 20% 左右。① 第一阶段学习结束后通过第一次国家考试者，继续为期两年的教育实习。实习阶段不仅有经验丰富的老教师指导，还必须继续参加大学研讨班的活动，继续学习教育学、心理学等方面的课程。两年实习结束后，通过以专业知识和教育教学能力为重点的第二次国家考试，才能获得职业教育教师资格证书。②

由于职业教育的专业设置与普通高校的学科专业之间存在差距，高职新手教师面临所学的学科性知识与所教的职业技能存在差异、缺乏所教职业的实践和教学经验的压力。因此，建议为高职教师，尤其是新手教师开设灵活多样的职业教育知识方面的校本培训。针对不同阶段的高职教师，开展职业教育学、课程教学论等相关教育知识培训，形式可以是讲座、研讨、沙龙、座谈。基于高职教师专业发展中的个体差异，在设置校本培训项目时要尊重这种个体

① 杨柳：《德国“双元制”职教师资培养模式对我国的启示》，硕士学位论文，江西师范大学教育学原理，2008，第 12 页。

② 罗丹：《高职教师专业化发展论析》，《江苏高教》2014 年第 5 期。

差异，培训目标既要符合院系发展战略，又要兼顾教师个体需求。高职院校应从校方层面进行校本培训的顶层设计，让教师根据自身情况选择相应的培训项目，同时鼓励高职教师开设符合自己专长的特色开放性课堂。

（三）职业学科教学知识的提升

学科教学知识（Pedagogical Content Knowledge，简称 PCK）是教师胜任教学工作的基础，即教师能够结合学生的需求将对学科教学内容的理解转换成教学实践能力。1986 年斯坦福大学教授舒尔曼（Shulman）提出了 PCK 概念，他认为高质量的教学需要复杂的专业知识。PCK 来自教学实践并能反映教学实践，不是单一知识的组合，而是经过整合的综合性知识。PCK 的核心是将不同类型的知识转化为学生可理解的知识，不仅要求教师具备丰富的职业实践知识，还要求其在教学实践中不断反思从而形成有效的教学策略。

对于高职教师来讲，学科教学知识是区分学科专家与教育专家、优秀教师与低效教师之间的最大差别，是所教专业对应的职业领域的理论知识和实践知识。教师只有亲身去到企业实践，才能知道学生将来面临的职业情境和可能遇到的困难，才能有效指导学生，提升课堂质量。高职教师在一线教学中需要解决好两大问题：一是如何激发学生的学习兴趣，二是如何让学生学会。

高职教师学科教学知识需不断更新、与时俱进，适应变化的教育环境和高职教育高质量发展的需求。加快高职教师教育学科与专业一体化建设，构建专业知识体系，实现教师专业成长。高职教师的 PCK 要随着企业技术的更新不断更新，企业实践经历对 PCK 形成与更新极具价值。企业实践经历作为高职教师考核内容中的重要一项已经得到落实，《国家职业教育改革实施方案》要求落实教师 5 年一周期的全员轮训制度。考核教师企业实践产生的教学价值，将企业实践对教学产生的影响作为高职教师职称评定的重要方面，从而有效解决教师企业实践“走过场”的现实问题。搭建教师企业实践平台，让教师带着教学改革任务有针对性地进入企业实践，这不仅有利于提升教师企业实践效果，还有利于培养适应企业发展的人才，实现校企共赢。例如，专业带头人、骨干教师带着专业建设任务进企业实践，专业教师带着课程建设、教材建设的任务进企业实践。

二、建构高职教师知识创新共同体，促进教师知识的转移与生产

我国经济结构调整和经济发展形势对高职教育提出了新要求，即要培养符合产业转型升级需要的人才，要能够使技术创新支撑产业高质量发展，要开发高质量的教育资源，从而推动高职教育改革创新。高职教师要将教学知识依照新要求进行转移、生产与创新，以适应新要求，推动高职教育的高质量发展。

（一）团队成员间的知识转移

高职教师与普通高校教师相比，其知识存在以下特点：①知识异质性。高职教师的知识不仅涵盖了多个专业、多个职业领域，还包括与企业相关的实践知识。高职专业类型多样，高职院校设置的同类专业，因高职院校的侧重点和特色不同，高职教师的知识也不尽相同。②由于高职教师成长阶段不同，高职教师存在知识势差。知识势差是指知识在组织中呈非均匀性分布，知识从高位势个体向低位势个体扩散和转移。[①] 专家教师属于知识高位势，新手教师属于知识低位势。③知识的开放性和变化性。随着社会经济的发展、产业升级和技术进步，高职教师的知识也要在迅速变革的环境中不断更新。④高职教师知识的整体性功能主要体现在技术技能积累与创新方面。技术技能积累与创新是高职教育的职责所在、优势所在。技术技能积累与创新仅靠高职教师个体是无法实现的，需要通过高职院校与企业的合作来实现。

杜威在其著作《民主主义与教育》中明确地引入了“共同体”的概念，他认为，社会是由于个人之间的互动而产生思想与感情的共同体，同时他从“共同体”的视角对学习中个人之间的社会互动过程进行了审视，目的是通过学习者之间的共同学习以及共同体中榜样的激励，让学习者了解自己的认知风格，学会使用一系列的符号表现形式、论述形式，获得有效的认知策略，提升自己的学习能力。[②] 共同体学习可以加速隐性知识的传递和流动，让隐性知识显性

---

① 刘臣、单伟、于晶：《组织内部知识共享的类型及进化博弈模型》，《科研管理》2014年第2期。

② 宋燕：《和合学视野下教师合作研修共同体建构的研究》，博士学位论文，西南大学教育学原理，2012。

化。某些研究组织化学习的学者将组织化学习总结为“本地化学习”，即在依赖团队解决问题的学习中，只有那些参与其中的人才能学到某些独特的知识，而且那些知识很多是隐性的。[①]

个体知识通过个体间的互动、交流与对话形成群体知识。知识群体的进化建立在知识个体进化的基础上，知识个体与知识群体的进化是协同的。[②]知识群体是一个知识的集合体，高职教师群体就属于这样的知识群体。根据不同的标准可将高职教师划分为不同的群体，如根据高职教师个体成长标签，可将其分为新手教师群体、熟手教师群体和专家教师群体。还可以按照教师团队建设的需要定义群体，如可将一个“名师工作室”或科研团队的教师作为一个群体。

1. 高职教师知识转移的内部激励措施

增加高职教师面对面交流的机会，增进高职教师间彼此的感情，增加知识输出的机会和平台。根据知识网络结构的演化特征，个体知识的输入和知识的表达，尤其是隐性知识的显性表达，对于高职教师的知识转移非常有利。

先是抓团队建设，尽快形成科研团队，改单兵作战为协同作战，改散兵游勇为兵团攻关，只有凝聚团队力量，理顺结构，才能多出大成果。[③]赋予创新共同体主体身份，实行注册制，保障创新项目的质量和技术的积累。创新共同体的新一轮的创新建立在以前创新技术、知识的基础上，在量的积累达到一定程度之后，创新会变得越来越多，越来越快，这就是复杂适应性系统特有的“涌现现象”。

2. 高职教师知识满足院校发展的需求

教师是高职院校高质量发展的第一资源。教师知识要发展，要满足高职院校高质量发展的需求。高职教育应当从高规格人才培养、高水平专业建设、高质量产教融合、高层次国际化办学四个方面把握高质量发展的内涵。因此，在高质量发展的要求下，高职教师的知识要实现与经济社会的联结，实现技术与服务、人才需求与培养供给的耦合。耦合是一个物理学概念，指两个或两个

① David T. Lei, “Competence-building, Technology Fusion and Competitive Advantage: The Key Roles of Organizational Learning and Strategic Alliances,” *International Journal of Technology Management* 14, no.23 (1997): 208-337.

② 丁玉飞、王曰芬、颜端武：《知识进化的理论研究及其应用》，《技术经济》2014年第9期。

③ 杨建新：《高职院校的内涵建设及其推进策略》，《教育研究》2016年第3期。

以上的系统之间通过各种相互作用而彼此影响以至联合起来的现象。[①]高职教师与经济社会的联结需要建立在学生个体发展、院校发展和教师自身发展的基础上。

目前，高职专业设置与市场需求脱节、专业课程教学与职业岗位能力要求不完全匹配、专业建设与产业发展不能有效衔接等问题日益凸显。2014年6月，《国务院关于加快发展现代职业教育的决定》(国发〔2014〕19号)明确提出“建成一批世界一流的职业院校和骨干专业，形成具有国际竞争力的人才培养高地”的目标任务。2019年，教育部启动高职院校的“双高计划”。所谓“双高计划”，是指中国特色高水平高职院校和专业建设计划。高水平高职院校建设和高水平专业建设都需要水平高、能力强的“双师型”教师队伍作为保障。信息化建设是高职教育高质量发展的必经之路。

（二）职业与教育领域的知识生产

高校教师不仅是高深知识的传授者，还是高深知识的创造者和应用者，他们担负着促进知识发展的重要使命。高职教师知识的发展并不仅指量的增加，更多强调的是质的提升。王晓东、张妍妍（2015）通过访谈得知：“很多教师忽视自身实践性知识的积累，导致现实教学中的经验与创新知识无法得到有效传承。”[②]徐国庆教授在《职业教育课程论》一书中也提到过类似现象，即有些课程改革没有取得精品成果。

在各种学科技术领域相互渗透、交叉和融合的背景下，高职教师应主动进行科学研究，让知识更具价值。高职教师要严格要求自己，终身学习是当代教师自身发展和适应职业的必由之路。

（三）技术技能知识积累与创新

从语义角度看，创新是创造与革新的合称，具有新颖性、独特性和价值性。知识创新就是“知识的产生、创造和应用的整个过程”[③]。奥地利物理学家、哲学家马赫（1838—1916）对创造力的解释是“累积选择过程逐渐产生和谐的‘想法、旋律和和声’，而在思考者本人以及旁观者看来，却像是一种突然的、充满洞察

---

① 杨保军、黄志斌：《基于知识进化视角的技术创新与品牌进化耦合机制研究》，《自然辩证法研究》2014年第12期。

② 王晓东、张妍妍：《高职院校教师实践性知识发展路径探索——以信息技术专业为例》，《职教论坛》2015年第21期。

③ 陆雄文：《管理学大辞典》，上海辞书出版社，2013，第386页。

力的创造行为"[①]。创造是从无到有的过程。《辞海》(第六版)中对创造的定义是"做出前所未有的事情"。"知识创造就是新知识的出现，是在个人的想法、直觉、经验、灵感的基础上，通过显性知识（包括结构化和非结构化知识）和隐性知识之间的相互转化，在某种环境的影响下，将那些想法、直觉、经验、灵感等具体化为新知识的过程。"[②]大力开展新技术开发和推广工作，积极采用新材料、新工艺，创新管理制度。"我们不需要那些通晓所有正确程序、墨守成规的专家，但是欢迎那些适应能力强的专家，他们能够把基本的原则运用于所有的情况和他们遇到的学生身上，认识到什么时候创新是可能的而且是必要的，并且认识到教学的'最佳方法'并不是唯一的。"[③]

所谓技术技能积累，是指个人、组织和社会在长期的生产、学习和创新实践中所获得的技术技能的递进、积淀和传承。[④]技术创新是指向某一市场或某一群体，引入新观念、新实践或新实体的创造性活动。[⑤]技术技能积累支撑着创新过程的每一个环节，而创新本身又为技术技能积累提供必需的环境。技术创新与技术技能积累间相互支持，关系密切。[⑥]技术技能积累是行业企业创新的重要环节。行业企业的创新过程是利用旧知识生产新知识，将新知识物化为现实生产系统，组织生产并创造新产品，最终实现市场价值的过程。[⑦]

技术技能积累不足和自主创新能力薄弱是当前国内企业普遍存在的一个现实问题。[⑧]高职教育为国民经济各行各业提供技术技能人才，为地方产业升级、

---

① G.齐科：《第二次达尔文革命——用进化论解释人类学习的过程》，赵勇、赖春译，华东师范大学出版社，2007，第65页。

② 樊治平、李慎杰：《知识创造与知识创新的内涵及相互关系》，《东北大学学报（社会科学版）》2006年第2期。

③ 肯·贝恩：《如何成为卓越的大学教师（第2版）》，明廷雄、彭汉良译，北京大学出版社，2014，第167页。

④ 徐霄红：《创新校企协同的技术技能积累模式——基于企业大学的对标分析》，《中国高校研究》2016年第5期。

⑤ 罗伯特·W.里克罗夫特：《复杂性挑战：21世纪的技术创新》，董开石、李宁译，北京大学出版社，2016，第306-307页。

⑥ 唐智彬：《强化职业教育技术技能积累功能的内涵与意义》，《职教论坛》2016年第2期。

⑦ 蓝洁：《技术技能积累机制转型与职业教育功能承载》，《中国职业技术教育》2017年第12期。

⑧ 王秦、李慧凤、赵玮：《校企协同的技术技能积累机制构建》，《职业技术教育》2015年第31期。

技术革新提供技术服务。从供给侧角度看，高职院校技术技能积累和创新人才的培养是解决国内企业现实问题的有效途径。因此，2014 年国家颁布了若干政策，强调高职院校的技术技能积累与创新的功能。《国务院关于加快发展现代职业教育的决定》（国发〔2014〕19 号）首次提出“技术技能积累”，强调要创新发展高等职业教育。高等职业院校要加强与企业的合作，要推动职业院校与行业企业共建技术工艺和产品开发中心、实验实训平台、技能大师工作室，强化职业教育的技术技能积累的作用。教育部等六部门联合组织编制的《现代职业教育体系建设规划（2014—2020 年）》提出，创新校企协同的技术技能积累机制，实现新技术产业化与新技术应用人才储备同步。该文件提出，要“制定多方参与的支持政策，推动政府、学校、行业、企业的联动，促进技术技能的积累和创新”“规划建立一批企业和职业院校紧密合作的技术技能积累创新平台，促进新技术、新材料、新工艺、新装备的应用，加快先进技术转化和产业转型升级的步伐”。2015 年 11 月，教育部印发《高等职业教育创新发展行动计划（2015—2018 年）》，明确指出高等职业院校要更加注重技术技能积累在服务产业发展中的重要作用。

技术创新是技术技能积累的结果和前提，技术技能积累是技术创新的内在基础，两者相辅相成，不可分割。英国学者约翰·齐曼明确提出“技术创新必定是一种进化过程”。齐曼认为，产业的技术创新，譬如轿车制造业的各种创新是相互关联着的，因而我们可将之描述为一个协同进化的人工制品的完整的系统。[①]美国西北大学的乔尔·莫克尔教授在《技术变化中的进化现象》一文中提到，技术创新的底层是有用的知识：“大多数科学知识没有得到应用，也没有即刻影响生产技术。先前呈惰性的知识的激活可以成为经济学家‘诱导创新’的进化等价物。”[②]他认为技术是知识的载体，有用的知识是技术的基因，技术因知识可以迭代更新，也受到知识的限制约束。技术可以促进知识的发展。群体知识进化是技术创新进化的基础和前提。高职教师的主要任务是通过知识进化发展，将已有的实用的技能和适应环境的复杂技术以知识成果的形式保存积累下来，从而可应用于实际的企业生产实践中并促进技术创新。

① 约翰·齐曼：《技术创新进化论》，孙喜杰、曾国屏译，上海科技教育出版社，2002，第 5 页。
② 同上书，第 63 页。

三、构建企业实践反哺教学体系，加速教师知识的动态更新

教育的本质是育人，高职教育人才培养离不开产业与教育要素的双向融合，构建企业实践反哺教学体系，有利于教师企业实践和教育实践知识的融合。

（一）课程与教学知识的创新

课程的变革从学校内部延伸到工作领域，从单科型课程到模块式课程，是学科与职业的融合、产教与科教的融合、线上资源与线下教学的融合。教学方式从个体教学到团队教学，理论和实践结合，行动导向和项目教学结合。加强校企项目合作，注重项目的教学积累和转化。

高职教师知识要适应学生个体发展、产业发展的需求。高职教师的核心工作就是教学。但现在的高职教学质量亟待提升。高职教师应该清楚地认识到自己所面对的不是一群学生，而是一个个鲜活的学生个体。而且每一个学生都有其闪光点，要给予学生最大的信任和期待。教师要认识到学生的可爱和可塑之处，处理好师生关系。

高职教师在教学过程中既要考虑社会性需求，又要考虑个性化需求，即用人单位对人才的需求、学生个体自身发展的个性需求（如创新创业）。“我们已经不再需要那种片面强调死记硬背各种事实性知识的工业化教育模式了。从企业高管到教育专家，几乎所有人都不断强调这些技能（创造力、合作精神、批判性思维以及解决问题的能力）是胜任今天工作的基本要求。正如瓦格纳所说的这种能力是‘数百名商界领袖和大学教授在接受访问时异口同声一再强调的，即提出正确的问题的能力’。”①

作为一名高职教师，其担负着不同的角色：一个解释者、一个批判性的朋友、一个传授更多技能的教练。例如，教师可以让学生明白电气技师是一个非常值得尊敬的职业，但也需要一个艰难的长期修炼的职业。高职教师有很多机会帮助学生体会到“做好工作而自豪”的意义。这与“获得好分数”不一样，得到一个好分数可能会让人忽略做好一件事本身带来的自豪感。高职教师的作

① 彼得·戴曼迪斯、史蒂芬·科特勒：《富足：改变人类未来的4大力量》，贾拥民译，浙江人民出版社，2014，第243页。

用是使学生养成自我评估的习惯，让学生学习成为自己的评估者。

“工程师都知道技术学习的过程事实上需要付出努力比事后看来必须付出的努力要多得多。生产出来的知识始终比使用者原先需要的要多，由此可见，生产知识的共同体成员在某种程度上不得不边做边学。差错和错误的看法不可避免地会出现，随之又必定会被发现并加以排除，而在未出版的文档记录中，已修改了的错误数目与出现的错误数目相比，不过是沧海一粟。简言之，技术学习是一个混乱的、不断重复的、低效率的过程。”[①] 齐科指出：“教师创造的教育环境是一个自由、包容的环境，学生可以通过试错来提高、改进自己现有的知识。”[②]

（二）教学与科研知识的转化

以高质量的职业教育服务经济高质量发展，社会服务是高职教育的三大基本功能之一。“社会服务是指学校利用教师的智力与知识资源直接为社会提供的服务活动。”[③] 高职院校的社会服务需匹配地方经济发展的需求，包括三个方面内容：服务政治文明建设、服务经济建设、服务文化传承。高职院校的地方服务定位是地方化、行业化和区域化，就是院校依托专业建设为区域主导产业、优势产业和特色产业的发展和产业升级提供技术支持。

高职教师知识要适应先进技术、企业创新发展的需求。当前我国职业院校的技术服务状况如下：“85% 以上的职业院校的专业技术水平与应用经验远远落后于企业，60% 以上的专业教师难以胜任本专业的技术实践教学工作。”[④] 有学者对高职教师的社会服务能力现状做了分析，认为高职教师的社会服务意识和动力不强、专业实践能力欠缺，同时缺乏教师社会服务的激励机制。[⑤] 很多高职院校的院长认为，高职院校的定位问题与其忽视本身具有的高等教育的功能有关。丁金昌教授指出：“高职院校没有地位，实际上是忽视了高教性导致的。”[⑥] 高职教育与经济发展息息相关，对于高职教师来说，“想躲到书斋里做学

① 沃尔特·G. 文森蒂：《工程师知道什么以及他们是如何知道的——基于航空史的分析研究》，周燕、闫坤如、彭纪南译，浙江大学出版社，2015，第 9 页。

② R. 齐科：《第二次达尔文革命——用进化论解释人类学习的过程》，赵勇、赖春译，华东师范大学出版社，2007，第 131 页。

③ 戴南海：《论高职院校教师的社会服务能力》，《中国职业技术教育》2012 年第 6 期。

④ 周哲民、王晓阳：《高职院校技术技能积累的内涵与特征》，《职业技术教育》2017 年第 10 期。

⑤ 同上。

⑥ 黄达人：《高职的前程》，商务印书馆，2014，第 11 页。

问是不可能的"[①]。因此，高职教师要参与社会服务。

通过团队交流、课堂互换、教学互助、体制机制保障等多种形式，增强高职教师的双师素养，促进学术课程与职业课程的融合以及新型综合课程的有效开发。构建学习共同体，促进教师专业发展。学习共同体的作用一方面是通过人际沟通、交流和分享各种学习资源，促使教师个体进步；另一方面是探讨教学问题，以排解压力和解决问题。将学习共同体办出特色，并延伸推广到高职学生的学习中，促进教师的科研项目合作。

在过去几十年中，一些研究领域，特别是生物领域，已经完成从"作坊"模型（一个小研究团体在一个固定场所完成从数据收集到论文写作的全部工作）到"产业"模型（大量的分散的专家组为了同一个目标而开展跨空间和跨时间的合作）的转变。[②]科学知识从本质上来说是相互联系的。[③]在合作研究中，科学家收集大量的数据，而且在每个阶段，数据都呈指数而不是线性增长。[④]

知识重在积累和创新，而知识转移是知识积累与创新的前提。所谓知识转移，是指知识以不同的方式在组织、群体或个体之间的转移或传播。[⑤]知识转移的目的是吸收和有效利用新知识。有学者通过实证考察了影响知识转移效果的主要因素，其中包括人际关系、激励机制、决策者态度、知识管理系统、知识吸收能力等。人际关系、激励机制对个体到群体的知识转移效果具有显著影响；决策者态度、激励机制、知识管理系统对个体到组织的知识转移效果具有显著影响；决策者态度、知识吸收能力对群体到组织的知识转移效果具有显著影响。[⑥]

为了激活高职院校和地方企业创新双动力，保障双方的积极性，可以对协同创新项目采用"双向喊价"的价格竞争机制。高职院校创新共同体要建立创新知识产权的资本投资机制，将创新项目中的知识资本部分当作股权投资入股，企业因创新项目获得利益时，和高职院校进行利益分配。

---

① 黄达人：《高职的前程》，商务印书馆，2014，第4页。

② Tony Hey、Stewart Tansley、Kristin Tolle：《第四范式：数据密集型科学发现》，潘教峰、张晓林译，科学出版社，2012，第226页。

③ 同上书，第227页。

④ 同上。

⑤ 魏江、王铜安：《个体、群组、组织间知识转移影响因素的实证研究》，《科学学研究》2006年第1期。

⑥ 同上。

（三）技术知识与教学知识的交互

从学科教学知识（PCK）视角看，企业实践经历丰富了学科内容与高职教师的教学知识，成为高职 PCK 的重要来源。通过研究可知，企业实践经历与教学实践经历相辅相成。企业实践经历并非形成 PCK 的必要条件，只有 PCK 形成后，企业实践经历才能发挥促进 PCK 发展的作用。

教学是高职教师的第一要务，随着信息技术在教育中的应用以及相关产业的转型升级，原有的教材内容需要更新、课堂教学需要革新，高职教师 PCK 需不断更新、与时俱进，以适应教育环境的变化和高职教育高质量发展的需求。提升教师教学能力的关键在于将产业先进元素融入教学过程，实现产业生产与教学过程对接、先进技术与教学内容对接、人才培养与企业实践对接。

教学远比传递信息复杂得多，高职教育在教学过程和教学内容方面具有明显的实践特征。应完善适应信息化、智能化新技术需要的“双师型”教师认证标准，创新教师管理制度，将企业实践作为取得执教资格的必要条件，提高教师实践能力，使高职教师符合“双师型”的标准和要求。

四、激发教师教学专长发展能动性，加速知识的联结与发展

教学专长通常指专家教师区别于其他教师的杰出知识和技能。通过调查研究发现，在教学专长形成的过程中，高职教师普遍缺乏教学专长发展能动性。因此，激发教师教学专长发展能动性是促进高职教师知识进化的第一步。

（一）深度阅读：知识建构的必由之路

深度阅读可以帮助高职教师建构系统的知识网络，同时奠定高职教师解决实际问题能力的知识基础。根据调查研究，高职教师群体对阅读行为的自我判定相对积极，基本上都认为自己经常阅读专业书籍。在不同工作年限和有职称的教师中，阅读平均分数会存在一定差异，工作年限为 5 ～ 10 年的教师阅读分数偏低（图 6–1），高级职称的教师阅读分数明显高于中低级职称教师的阅读分数（图 6–2）。深度阅读有利于高职教师知识结构的横向和纵深发展，对高职教师个体的知识进化具有积极的作用。

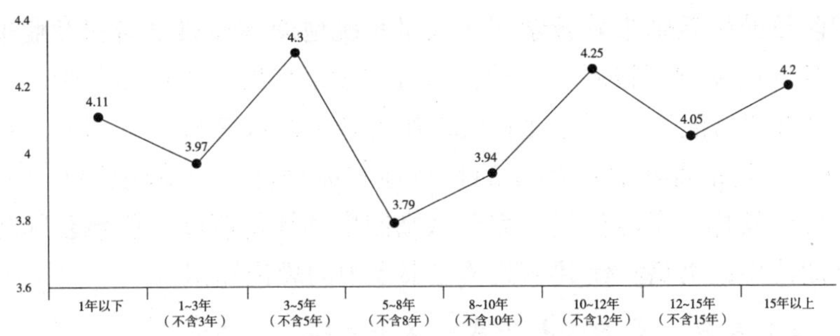

图 6–1　不同工作年限的教师的阅读平均分数对比图

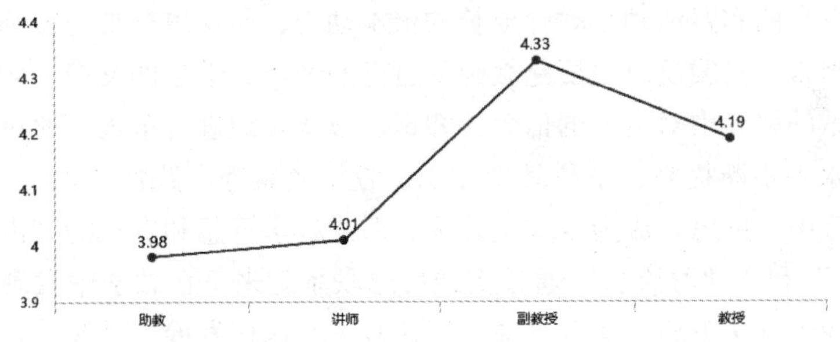

图 6–2　不同职称的教师的阅读平均分数对比图

学习心理学已经证实，阅读与学习密切相关，其重点是记忆和理解阅读材料中的符号、概念和规则等。①阅读被视为从书面语言和符号中获得意义的社会行为、实践活动和心理过程。②随着信息传播方式的变化，阅读方式也开始发生着深刻变革。传统的纸本阅读正在被慢慢摒弃，而快餐式、碎片化、不甚思考的阅读方式似乎在一步步成为主流。③关于浅阅读的定义有很多，有人将快餐式、碎片化、不甚思考的阅读方式视为浅阅读。有学者从阅读对象的知识信息含量、阅读主体大脑参与度、阅读效果三个方面来区分浅阅读和深度阅读。深度阅读就是读者从具有较大知识信息量（相对于阅读主体而言）和较高系统性的书面语言及符号中获得丰富意义的社会行为、实践活动和心理过程。在这个过程中，阅读主体大脑参与度很高，对阅读语言和符号的熟悉、理解与掌握达到了较高的程度。④

① 王荣生：《阅读策略与阅读方法》，《中国教育学刊》2020 年第 7 期。

② 王余光、汪琴：《世纪之交读者阅读习惯的变化》，《图书情报知识》2005 年第 4 期。

③ 周亚：《“浅阅读”概念界定及相关辨析》，《图书馆杂志》2013 年第 8 期。

④ 王余光、汪琴：《世纪之交读者阅读习惯的变化》，《图书情报知识》2005 年第 4 期。

高职院校鼓励教师带着教学问题大量系统地阅读经典书籍和专业书籍，定期组织教师开展读书汇报展示活动，通过鼓励汇报展示（输出）带动阅读（输入），同时将读书汇报的参与度和效果作为教师绩效考核的一部分，从而激发高职教师，尤其是青年教师阅读的积极性和能动性。营造阅读学习的良好风尚，树立阅读榜样、学习标兵，完善激励制度和评价制度，引导教师为建构知识而深度阅读理论书籍，使其不断学习书本中的理论知识。

（二）实践反思：教学专长形成的必由之路

学术界已经证明，教师个体能动性是影响教师专业化发展水平的重要因素，教师自身的实践活动是教师成长的根本动力，而反思被视为教师专业发展的决定性因素。实践反思主要是教师从自己的经历、学生的反馈、同事的评价和理论文献的解读中对自己的信念、知识、教学实践进行审视，通过反思，教师的专业水平不断提高，学科教学知识、教学经验等实践性知识不断丰富。① 在教学实践中，反思是成为专家型教师、形成教学智慧和专长的必由之路。将“学会教学”和“学习成长”通过实践反思联系起来，在教学中发现问题、提出问题、找到方法策略、实践验证、评估修正、迭代发展，最终实现教学能力的螺旋式上升。

高等职业教育在教学过程和教学内容方面具有强烈的实践特征。高职教师的实践反思的外延很广，不仅包括教学实践的反思活动，还包括企业实践中的反思活动。企业实践经历对 PCK 的形成与更新极具价值。②

（三）团队协作：建构教师教学创新共同体

教师教学创新团队的建设实质是建构以专家型高职教师、新手教师、企业技术人员等为主组成的社会网络。社会网络具有实现团队协作和促进知识创新的作用。《全国职业院校教师教学创新团队建设方案》明确指出组建专家工作组，由团队优秀教师、企业高级技术人员、全国重点建设职教师资培养培训基地专家共同组成，加强团队建设工作的咨询指导、业务培训、绩效评价和监督检查。教师教学创新共同体中的团队成员互相交流、共同创新，完成高等职业教育教学改革和研究任务。共同体成员应该多样化。例如，团队负责人应是具有相关专业背景和丰富企业实践经历（经验）的专业带头人，最好有由行业或

---

① 赵昌木：《教师在批判性教学反思中成长》，《教育理论与实践》2004 年第 9 期。

② 马晓琨、王学东、方红彬：《高职教师企业实践经历教学价值的质性考察——基于学科教学知识（PCK）理论》，《职教论坛》2020 年第 11 期。

企业高级技术人员担任的兼职教师，或者包括应用型本科高校或研究型高校教师等。

教师教学创新共同体应该注重高等职业教育教师之间的学习互助。教师专业发展理论认为，教师的协作互助有助于个体发展能动性的提升，可有效推动教师专业发展。教师通过彼此之间的互助，可以发现并解决教学中的问题，从而提高教师团队的整体教学水平。.

高职教师可以通过创新共同体的建立来实现团队协作，通过课堂学习、互助帮扶等形式提高理论和实践教学能力，促进双师素养的整体提升。

参考文献

一、著作

[1] 查有梁 . 50 年教学和研究之经验 (第二版)[M]. 重庆 : 西南师范大学出版社 , 2016.

[2] 柴福洪 , 陈年友 . 高等职业教育名词研究 [M]. 北京 : 高等教育出版社 , 2014.

[3] 陈静静 . 教师实践性知识论 : 中日比较研究 [M]. 上海 : 华东师范大学出版社 , 2011.

[4] 陈琦 , 刘儒德 . 教育心理学 (第 2 版)[M]. 北京 : 高等教育出版社 , 2011.

[5] 陈祝林 , 徐朔 , 王建初 . 职教师资培养的国际比较 [M]. 上海 : 同济大学出版社 , 2004.

[6] 戴晓阳 . 常用心理评估量表手册 [M]. 北京 : 人民军医出版社 , 2014.

[7] 邓泽民 , 陈庆合 . 职业教育课程设计 [M]. 北京 : 中国铁道出版社 , 2006.

[8] 范良火 . 教师教学知识发展研究 (第二版)[M]. 上海 : 华东师范大学出版社 , 2013.

[9] 傅道春 . 教师的成长与发展 [M]. 北京 : 教育科学出版社 , 2001.

[10] 黄达人 . 高职的前程 [M]. 北京 : 商务印书馆 , 2014.

[11] 黄希庭 . 心理学 [M]. 上海 : 上海教育出版社 , 1997.

[12] 季苹 . 教什么知识——对教学的知识论基础的认识 [M]. 北京 : 教育科学出版社 , 2009.

[13] 姜大源，吴全全. 当代德国职业教育主流教学思想研究 [M]. 北京：清华大学出版社，2007.

[14] 姜大源. 当代世界职业教育发展趋势研究 [M]. 北京：电子工业出版社，2012.

[15] 姜大源. 职业教育学研究新论 [M]. 北京：教育科学出版社，2007.

[16] 教育部职业技术教育中心研究所. 中国特色职业教育发展之路 [M]. 北京：高等教育出版社，2012.

[17] 康晓伟. 教师知识学：当代西方教师实践性知识思想研究 [M]. 北京：北京师范大学出版社，2017.

[18] 雷通群. 教育社会学 [M]. 福州：福建教育出版社，2008.

[19] 李曼丽. 工程师与工程教育新论 [M]. 北京：商务印书馆，2010.

[20] 李渺. 数学教师知识观 [M]. 北京：高等教育出版社，2008.

[21] 李琼. 教师专业发展的知识基础——教学专长研究 [M]. 北京：北京师范大学出版社，2009.

[22] 李喜先. 知识系统论 [M]. 北京：科学出版社，2011.

[23] 李召存. 课程知识论 [M]. 上海：华东师范大学出版社，2009.

[24] 林森. 教育走向改变：加拿大中小学素质教育面面观 [M]. 长春：吉林大学出版社，2012.

[25] 刘静. 20 世纪美国教师教育思想的历史分析 [M]. 北京：北京师范大学出版社，2009.

[26] 刘清华. 教师知识模型建构研究 [M]. 北京：中国社会科学出版社，2004.

[27] 刘雍潜. 学与教的理论与方式 [M]. 北京：北京大学出版社，2011.

[28] 苗东升. 系统科学精要（第 4 版）[M]. 北京：中国人民大学出版社，2016.

[29] 南京师范大学教育系. 教育学（第 2 版）[M]. 北京：人民教育出版社，2001.

[30] 潘洪建. 教学知识论 [M]. 兰州：甘肃教育出版社，2004.

[31] 皮连生. 知识分类与目标导向教学——理论与实践 [M]. 上海：华东师范大学出版社，1998.

[32] 盛国荣 . 西方技术思想研究——一种基于西方哲学史的思考路径 [M]. 北京 : 中国社会科学出版社 , 2011.

[33] 石伟平 , 徐国庆 . 职业教育课程开发技术 [M]. 上海 : 上海教育出版社 , 2006.

[34] 孙鼎国 , 王杰 . 西方思想 3000 年 (下)[M]. 北京 : 九州图书出版社 ,1998.

[35] 王荣德 . 现代教师人格塑造 [M]. 天津 : 天津教育出版社 , 2004.

[36] 邬焜 . 信息哲学问题论辩 [M]. 西安 : 西安交通大学出版社 , 2008.

[37] 吴鼎福 , 诸文蔚 . 教育生态学 [M]. 南京 : 江苏教育出版社 ,1990.

[38] 吴国盛 . 技术哲学讲演录 [M]. 北京 : 中国人民大学出版社 , 2009.

[39] 吴国盛 . 科学的历程 (第二版)[M]. 北京 : 北京大学出版社 , 2002.

[40] 吴全全 . 职业教育双师型教师基本问题研究 : 基于跨界视域的诠释 [M]. 北京 : 清华大学出版社 , 2011.

[41] 吴卫东 . 教师个人知识研究——以小学数学教师为例 [M]. 北京 : 教育科学出版社 ,2011.

[42] 徐国庆 . 职业教育课程论 [M]. 上海 : 华东师范大学出版社 ,2008.

[43] 徐平利 . 职业教育的历史逻辑和哲学基础 [M]. 桂林 : 广西师范大学出版社 , 2010.

[44] 杨金土 . 30 年重大变革——中国 1979—2008 年职业教育要事概录 (下)[M]. 北京 : 教育科学出版社 , 2011.

[45] 赵志群 . 职业教育工学结合一体化课程开发指南 [M]. 北京 : 清华大学出版社 , 2009.

[46] 钟启泉 . 课程与教学概论 [M]. 上海 : 华东师范大学出版社 , 2004.

[47] 朱超华 . 教师核心能力论 [M]. 广州 : 广东高等教育出版社 , 2007.

[48] 庄西真 . 职业学校的学与教 [M]. 北京 : 知识产权出版社 , 2015.

[49] 庄力群 . 技术的思想方法 [M]. 厦门 : 厦门大学出版社 , 2013.

[50] 张帆 . 科学、知识与行动 : 柯林斯的科学哲学思想研究 [M]. 上海 : 上海人民出版社 , 2013.

[51] 殷瑞钰 , 李伯聪 , 汪应洛 , 等 . 工程演化论 [M]. 北京 : 高等教育出版社 , 2011.

[52] 贝塔朗菲 . 一般系统论 : 基础发展和应用 [M] 林康义 , 魏宏森 , 译 . 北京 : 清华大学出版社 , 1987.

[53] 波特霍夫恩斯特，哈特曼 . 工业 4.0: 开启未来工业的新模式、新策略和新思维 [M]. 刘欣 , 译 . 北京 : 机械工业出版社 , 2015.

[54] 卡西尔 . 人文科学的逻辑 [M]. 关之尹 , 译 . 上海 : 上海译文出版社 , 2004.

[55] 费希特 . 全部知识学的基础 [M]. 王玖兴 , 译 . 北京 : 商务印书馆 , 1997.

[56] 薛凤 . 工开万物 :17 世纪中国的知识和技术 [M]. 吴秀杰 , 白岚玲 , 译 . 南京 : 江苏人民出版社 , 2015.

[57] 布迪厄 , 华康德 . 实践与反思 : 反思社会学导引 [M]. 李猛 , 李康 , 译 . 北京 : 中央编译出版社 , 2004.

[58] 康纳利 , 克兰迪宁 . 教师成为课程研究者经验叙事 (第 2 版)[M]. 刘良华 , 邝红军 , 译 . 杭州 : 浙江教育出版社 ,2004.

[59] 范梅南 . 教学机智——教育智慧的意蕴 [M]. 李树英 , 译 . 北京 : 教育科学出版社 , 2001.

[60] 莱夫 , 温格 . 情境学习 : 合法的边缘性参与 [M]. 王文静 , 译 . 上海 : 华东师范大学出版社 ,2004.

[61] 舒尔曼 . 实践智慧 : 论教学、学习与学会教学 [M]. 王艳玲 , 王凯 , 毛齐明 , 等译 . 上海 : 华东师范大学出版社 , 2014.

[62] 布罗迪 . 思维病毒 [M]. 叶俭慧 , 译 . 杭州 : 浙江人民出版社 , 2014.

[63] 索耶 . 剑桥学习科学手册 [M]. 徐晓东 , 译 . 北京 : 教育科学出版社 , 2010.

[64] 桑代克 . 卓有成效的学习方法 [M]. 刘霞 , 译 . 北京 : 中国商业出版社 , 2016.

[65] 艾利克森 , 普尔 . 刻意练习 : 如何从新手到大师 [M]. 王正林 , 译 . 北京 : 机械工业出版社 , 2016.

[66] 哈格里夫斯 . 知识社会中的教学 [M]. 熊建辉 , 陈德云 , 赵立芹 , 译 . 上海 : 华东师范大学出版社 , 2007.

[67] 伯格 , 卢克曼 . 知识社会学论纲 [M]. 吴肃然 , 译 . 北京 : 北京大学出版社 , 2019.

[68] 戴曼迪斯，科特勒. 富足：改变人类未来的 4 大力量 [M]. 贾拥民，译. 杭州：浙江人民出版社，2014.

[69] 温伯格. 知识的边界 [M]. 胡泳，高美，译. 太原：山西人民出版社，2014.

[70] 丹尼尔・U. 莱文，瑞依娜・F・莱文. 教育社会学 (第九版)[M]. 郭锋，黄雯，郭菲，译. 北京：中国人民大学出版社，2010.

[71] 罗杰斯. 论人的成长 [M]. 石孟磊，译. 北京：世界图书出版公司北京公司，2014.

[72] 贝恩. 如何成为卓越的大学教师 (第 2 版)[M]. 明廷雄，彭汉良，译. 北京：北京大学出版社，2014.

[73] 安德森. 布卢姆教育目标分类学修订版 (完整版)[M]. 蒋小平，张琴美，罗晶晶，译. 北京：外语教学与研究出版社，2009.

[74] 梅里安. 成人学习理论的新进展 [M]. 黄健，译. 北京：中国人民大学出版社，2006.

[75] 诺丁斯. 教育哲学 [M]. 许立新，译. 北京：北京师范大学出版集团，2009.

[76] 勒纳. 人类发展的概念与理论 (第 3 版)[M]. 张文新，译. 北京：北京大学出版社 ,2011.

[77] 全美教师教育学院协会创新与技术委员会. 整合技术的学科教学知识：教育者手册 [M]. 任友群，詹艺，译. 北京：教育科学出版社，2011.

[78] 库恩. 科学革命的结构 (第四版)[M]. 金吾伦，胡新和，译. 北京：北京大学出版社，2012.

[79] 维纳. 人有人的用处——控制论与社会 [M]. 陈步，译. 北京：北京大学出版社，2010.

[80] 文森蒂. 工程师知道什么以及他们是如何知道的——基于航空史的分析研究 [M]. 周燕，闫坤如，彭纪南，译. 杭州：浙江大学出版社，2015.

[81] 马斯洛. 动机与人格 (第三版)[M]. 许金声，译. 北京：中国人民大学出版社，2007.

[82] 塞林格，克里斯．专长哲学 [M]. 成素梅，张帆，计海庆，等译．北京：科学出版社，2015.

[83] 斋藤嘉则．发现问题的思考术 [M]. 郭宛琪，译．台北：经济新朝社，2009.

[84] 日本日经制造编辑部．工业 4.0 之机器人与智能生产 [M]. 张源，译．北京：东方出版社，2016.

[85] 佐藤学．课程与教师 [M]. 钟启泉，译．北京：教育科学出版社，2003.

[86] 佐藤学．教育方法学 [M]. 于莉莉，译．北京：教育科学出版社，2016.

[87] 赫拉利．人类简史：从动物到上帝 [M]. 林俊宏，译．北京：中信出版社，2014.

[88] 弗洛里迪．第四次革命：人工智能如何重塑人类现实 [M]. 王文革，译．杭州：浙江人民出版社，2016.

[89] 怀特海．教育与科学理性的功能 [M]. 黄铭，译．郑州：大象出版社，2010.

[90] 罗素．人类的知识——其范围与限度 [M]. 张金言，译．北京：商务印书馆，2003.

[91] 布瓦索．信息空间：认识组织、制度和文化的一种框架 [M]. 王寅通，译．上海：上海译文出版社，2000.

[92] 迈克尔·扬．把知识带回来：教育社会学从社会建构主义到社会实在论的转向 [M]. 朱旭东，文雯，译．北京：教育科学出版社，2019.

[93] 波兰尼．科学、信仰与社会 [M]．王靖华，译．南京：南京大学出版社，2004.

[94] 麦克·F.D. 扬．知识与控制：教育社会学新探 [M]. 谢维和，朱旭东，译．上海：华东师范大学出版社，2002.

[95] 塔布斯．教师的哲学 [M]. 王红艳，杨帆，沈文钦，等译．济南：山东教育出版社，2014.

[96] 内格尔．人的问题 [M]. 万以，译．上海：上海译文出版社，2014.

二、中文期刊

[1] 曾东升 . 新时代职业教育评价体系建设的思考与建议 [J]. 职业技术教育 ,2021,42(15):29–35.

[2] 陈正江 . 以创新发展高地建设为抓手 推进高职教育高质量发展 [J]. 中国职业技术教育 ,2021(4):55–59.

[3] 丁金昌 , 陈宇 . 高职院校"双高计划"建设问题与路径选择 [J]. 中国职业技术教育 ,2020(19):60–65.

[4] 甘华银 . 新时代高职院校高质量发展的困境与突围 [J]. 教育与职业 ,2020(7):34–39.

[5] 胡俊平 , 顾京 , 吴兆明 . 高等职业教育"双高"建设的要义、表征和策略 [J]. 江苏高教 ,2019(11):119–124.

[6] 孔巧丽 . 新时代高职教师队伍建设的成效、问题与出路 [J]. 教育与职业 ,2021(6):70–76.

[7] 李思阳 , 罗冲 , 孔庆新 . 双高院校高质量发展的内涵与路径选择 [J]. 职教论坛 ,2021,37(3):150–153.

[8] 刘炜 . "双高计划"背景下高职院校发展与推进策略研究 [J]. 宁夏大学学报 (人文社会科学版),2021,43(2):156–160.

[9] 秦华伟 , 陈光 . "双高计划"实施背景下"三教"改革 [J]. 中国职业技术教育 ,2019(33):35–38.

[10] 宋乃庆 , 郑智勇 . 新中国成立 70 年来我国高等职业教育发展探析 [J]. 职业技术教育 ,2019,40(36):7–12.

[11] 夏梦瑶 , 李峻 . 我国高等职业教育高质量发展 : 应然维度、主要困境和驱动路径 [J]. 职教发展研究 ,2021(3):21–30.

[12] 邢顺峰 . 适应高质量发展时代需求 加快发展五年制高等职业教育 [J]. 中国职业技术教育 ,2021(12):32–36.

[13] 闫亚歌 . 类型属性下我国高等职业教育高质量发展路径探析 [J]. 职业教育，2021,20(5):3–6.

[14] 杨建新 . 变革创新 : 引领推动新时代高职教育高质量发展的第一动力 [J]. 江苏高教 ,2021(1):116–120.

[15] 于禾 , 李峻 . “百万扩招”背景下的高职教育高质量发展研究 [J]. 高等职业教育探索 ,2021,20(3):24–30.

[16] 张建平 . 供给侧结构性改革背景下高职教育高质量发展研究 [J]. 职业技术教育 ,2019,40(31):18–24.

[17] 张文利 , 范明明 . 新时代高职教育高质量发展的内涵、基本遵循与推进路径 [J]. 教育与职业 ,2019(21):25–32.

[18] 赵惠莉 . 基于供给侧改革的高职教育高质量发展研究 [J]. 教育与职业 ,2021(7):34–37.

[19] 朱德全 . 职业教育促进区域经济高质量发展的战略选择 [J]. 国家教育行政学院学报 ,2021(5):11–19.

[20] 朱磊 . 高职教育高质量发展面临的挑战与建议 [J]. 江西电力职业技术学院学报 ,2019,32(11):111–112.

[21] 朱正茹 . 错位发展 : 新时期高职院校高质量发展的战略选择 [J]. 中国职业技术教育 ,2019(31):5–9.

[22] 安富海 . 人工智能时代学与教形态变革的依据与路径 [J]. 教育科学研究 ,2020(8):63–68.

[23] 柏兰芝 . 反思规划专业在社会变革中的角色——跨学科的知识和实践 [J]. 城市规划 ,2000(4):56–58,64.

[24] 包金玲 . 校企合作背景下高职师资队伍建设面临的问题及对策 [J]. 中国职业技术教育 ,2016(3):63–64,70.

[25] 蔡慧英 , 谢作如 , 李渔迎 , 等 . 创客教育教师准备好了吗——智能时代创客教师知识发展的影响因素探析 [J]. 远程教育杂志 ,2019,37(3):86–94.

[26] 蔡铁权 , 陈丽华 . 科学教师学科教学知识的结构 [J]. 全球教育展望 ,2010,39(10):91–96.

[27] 蔡心心，秦一鸣，李军．教育改进学的创建与中国探索：知识基础与学科框架[J]. 清华大学教育研究，2020,41(3):25–33.

[28] 曹勇安．应用型本科学校的学科、专业建设——以齐齐哈尔职业学院为例[J]. 国家教育行政学院学报，2010(5):3–6.

[29] 蔡永红，孟静怡，龚婧．中小学教师教学专长的构成成分与领域特征研究[J]. 教育研究与实验，2017(5):46–53.

[30] 蔡永红，申晓月，雷军．中小学教师教学专长的结构及其测量[J]. 教师教育研究，2016,28(1):67–74.

[31] 蔡永红，申晓月，李燕丽．基本心理需要满足、自我效能感与教师教学专长发展[J]. 教育研究，2018,39(2):103–111.

[32] 蔡永红，申晓月．教师的教学专长——研究缘起、争议与整合[J]. 北京师范大学学报(社会科学版),2014(2):15–23.

[33] 曾茂林，曾丽颖．"大国工匠"跨界成长及其综合职教轨迹研究[J]. 教育发展研究，2019(1):25–28.

[34] 曾欢，朱德全．新技术时代职业教育智慧课堂建设的逻辑框架[J]. 中国电化教育，2019(6):6–13.

[35] 闫广芬，石慧．人工智能背景下职业教育跨学科研究的再审思[J]. 中国电化教育，2020(6):45–47.

[36] 柴少明．知识建构引领教育创新：理论、实践与挑战——访国际知名学习科学专家波瑞特教授和斯卡德玛利亚教授[J]. 开放教育研究，2017,23(4):4–11.

[37] 陈潭，刘成．迈向工业4.0时代的教育变革[J]. 南京社会科学，2016(9): 131–137.

[38] 陈搏．高校教师学术共同体的知识创新能力建设研究[J]. 高教探索，2014(3):167–172.

[39] 陈朝萌．科学构建高职教育师资培训体系[J]. 中国高教研究，2009(4):80–81.

[40] 陈洪捷．论高深知识与高等教育[J]. 北京大学教育评论，2006,4(4):1–8.

[41] 陈劲，吕文晶．人工智能与新工科人才培养：重大转向 [J]. 高等工程教育研究，2017(6):18–23.

[42] 陈丽君．情境利用与资源获取：生态系统视角下职校专家型教师专长分析 [J]. 职业技术教育，2016,37(31):55–59.

[43] 陈莉，万克文．高等职业教育课程模式研究综述 [J]. 江苏高教，2011(1): 137–138,151.

[44] 陈柳莹．谈教师实践性知识及其来源 [J]. 黑龙江教育学院学报，2011(12): 48–49.

[45] 陈鹏．职业教育课程整合：嬗变、经验与反思——学术性与职业性融合的视角 [J]. 江苏高教，2014(5):142–145.

[46] 陈林．国外教师社会化研究进展及知识脉络述评 [J]. 比较教育学报，2020(1):131–145.

[47] 陈平水，成宁波．教育知识实在化环境因素的理论分析 [J]. 教育理论与实践，2005(13):8–10.

[48] 陈士慧，胡赤弟．学科—专业—产业链融合价值链分析——基于知识流动视角 [J]. 科技进步与对策，2013,30(2):142–146.

[49] 陈向明．实践性知识：教师专业发展的知识基础 [J]. 北京大学教育评论，2003(1):104–112.

[50] 陈晓瑞，基思．当代西方有效教学研究的系统考察与启示 [J]. 比较教育研究，2005(8):56–62.

[51] 陈之权，黄龙翔．基于学习共同体的“校 – 研 – 教”华文校本协同研究 [J]. 现代远程教育研究，2012(6):62–70.

[52] 成军．高水平专业建设：优质高职院校建设的核心 [J]. 教育发展研究，2017,37(23):3.

[53] 成军．高职院校教师成长体系建构的策略与路径研究 [J]. 中国高教研究，2011(7):83–86.

[54] 程晋宽，严甜甜．高等教育学科专业与职业双重性别隔离现象的理论分析[J]. 现代大学教育，2015(3):1–6,57,112.

[55] 楚江亭．教师教学专长研究如何走出困境？——柯林斯与德雷弗斯专长研究比较及启示[J]. 北京师范大学学报（社会科学版），2020(3):19–28.

[56] 代毅，王冬青．群组知识共享创新视角下教师研修模型的构建与实践[J]. 中国电化教育，2017(6):131–136.

[57] 戴南海．论高职院校教师的社会服务能力[J]. 中国职业技术教育，2012(6):69–72.

[58] 但菲，贺敬雯，张梦涛．职前幼儿教师实践性知识的发展：现状、影响因素及教育建议[J]. 教育研究与实验，2017(2):73–79.

[59] 邓国民．教师整合技术与伦理的学科教学知识框架[J]. 黑龙江高教研究，2018(2):99–103.

[60] 丁金昌．高职院校“三能”师资队伍建设的思考与实践[J]. 中国高教研究，2012(7):90–92.

[61] 范国睿．智能时代的教师角色[J]. 教育发展研究，2018,38(10):69–74.

[62] 冯帮，陈影．美国特殊教育教师专业标准解读及启示——基于美国学科教师专业标准[J]. 中国特殊教育，2014(9):43–48.

[63] 冯茁，曲铁华．从PCK到PCKg:教师专业发展的新转向[J]. 外国教育研究，2006(12):58–63.

[64] 伏彩瑞，关新，朱华勇，等．“人工智能与未来教育”笔谈（下）[J]. 华东师范大学学报（教育科学版），2017(5):13–29.

[65] 傅敏，田慧生．教育叙事研究：本质、特征与方法[J]. 教育研究，2008(5): 36–40.

[66] 高慎英．“有效教学”的理想[J]. 课程·教材·教法，2005(8):22–27.

[67] 高雯蕙，张薇，王志刚．师范生实践性知识的表征方式、缺失与生成[J]. 黑龙江高教研究，2018,36(10):114–117.

[68] 高小艳，许晓东．高职教师成长的影响因素及对策 [J]. 教育与职业，2012(11):77–78.

[69] 顾学雍．联结理论与实践的 CDIO——清华大学创新性工程教育的探索 [J]. 高等工程教育研究 ,2009(1):11–23.

[70] 郭德侠，楚江亭．如何深化教师教学专长研究？——科学知识社会学家柯林斯专长研究及启示 [J]. 清华大学教育研究 ,2019,40(3):46–52.

[71] 郭炯，霍秀爽．网络教学研讨中教师协同知识建构研究 [J]. 中国电化教育 ,2014(3):101–109.

[72] 郭晓红．"权变理论"在教师评价中的应用 [J]. 教育理论与实践 ,2000(2):56–57.

[73] 郝文武．改造教育学：促进学科与专业相互给力 [J]. 北京师范大学学报（社会科学版）,2013(4):5–14.

[74] 和震，杨成明，谢珍珍．高职院校教师专业发展逻辑结构完整性及其支持环境 [J]. 现代远程教育研究 ,2018(5):32–38,103.

[75] 贺祖斌．高等教育生态研究述评 [J]. 广西师范大学学报，2005(1):123–127.

[76] 侯长林，陈昌芸，罗静．本科层次职业学校学科选择及建设策略——兼论职业学科 [J]. 高校教育管理 ,2020,14(6):60–67.

[77] 胡赤弟，黄志兵．知识形态视角下高校学科—专业—产业链的组织化治理 [J]. 教育研究 ,2013,34(1):76–83.

[78] 胡典顺．整合技术的学科教学知识：从教师专业素养到教师教学实践 [J]. 教育科学研究 ,2020(3):93–96.

[79] 胡凡刚，马秀峰．简论 e–learning 环境中教师角色的转变与重塑 [J]. 电化教育研究 ,2002(4):14–18.

[80] 胡仁东，费春．走出困境，优化大学学科专业结构 [J]. 中国高等教育 ,2013(11):17–19.

[81] 胡谊．专家教师的教学专长的知识观、技能观与成长观 [J]. 华东师范大学学报（教育科学版）,2000(2):58–65.

[82] 黄瑾 . 领域教学知识视角下学前教师培训效能提升路径探析 [J]. 中国教育学刊 ,2017(10):80–83.

[83] 黄邵勇 , 李静怡 . 高职教师专业成长的规律与途径 [J]. 思想战线 , 2013 (39):233–237.

[84] 黄旭 , 蒋云良 , 顾永跟 . 物联网工程专业建设中多学科融合的探索与实践 [J]. 高等工程教育研究 , 2016(2):86–91.

[85] 黄友初 . 职前教师实践性知识的缺失与提升 [J]. 教师教育研究 ,2016, 28(5):85–90.

[86] 纪阳 , 吴振宇 , 尹长川 . 适变能力、工程认知与敏捷教改 [J]. 高等工程教育研究 ,2018(6):139–144.

[87] 贾文胜 . 高职教育专业建设的五大问题浅析 [J]. 高等工程教育研究 , 2014(4):163–167.

[88] 姜大源 . 学科体系的解构与行动体系的重构——职业教育课程内容序化的教育学解读 [J]. 教育研究 ,2005(8):53–57.

[89] 姜大源 . 职业教育专业教学论初探 [J]. 教育研究 ,2004(5):49–53.

[90] 姜大源 . 职业科学辨析 [J]. 高等工程教育研究 ,2015(5):149–156.

[91] 姜武 . 对高校青年教师“教学适应期”的研究 [J]. 辽宁教育学院学报 , 2002(3):42–43.

[92] 姜勇 . 叙事研究与教师专业发展 [J]. 外国中小学教育 ,2004(12):16–19.

[93] 金忠明 , 李慧洁 . 论教师实践性知识及其来源 [J]. 全球教育展望 , 2009(2): 67–69.

[94] 靖国平 . 变革与坚守 : 信息化时代的教师发展 [J]. 湖北大学学报 (哲学社会科学版), 2015(7):138–142.

[95] 康纳利 , 克莱丁宁 , 丁钢 . 叙事探究 [J]. 全球教育展望 ,2003,32(4):6–10.

[96] 康晓伟 . 论艾尔巴兹的教师实践性知识思想 [J]. 比较教育研究 ,2014, 36(4):85–90.

[97] 蓝洁 . 技术技能积累机制转型与职业教育功能承载 [J]. 中国职业技术教育 ,2017(12):31–35.

[98] 李德华 . 新手教师实践性知识的建构——从教师生活史分析 [J]. 当代教育科学 , 2005(12):26–30.

[99] 李德显 , 李慧燕 . 论教师专业发展中的自我建构 [J]. 教育科学 ,2014,30(5): 56–61.

[100] 李德毅 , 马楠 . 智能时代新工科——人工智能推动教育改革的实践 [J]. 高等工程教育研究 , 2017(5):8–12.

[101] 李剑 . 反差与适应 : 新任教师专业发展的最初视角 [J]. 教育理论与实践 ,2018,38(5):18–20.

[102] 李健 . 课程重构 : 教学专长形成的重要路向 [J]. 中国教育学刊 ,2012(11): 85–89.

[103] 李军靠 , 苏理 , 姜庆 . 反思实践与教师专业成长 [J]. 西北大学学报 (哲学社会科学版),2004(3):99–102.

[104] 李庆原 , 石令明 , 左妮红 . 高职教师专业发展探析 [J]. 教育与职业 , 2006(23):51–53.

[105] 李冉 . 教师实践性知识的特征与生成机制研究 [J]. 教育与职业 , 2013(3): 64–65.

[106] 李晓博 . 论教师研究中的叙事探究 [J]. 深圳大学学报 (人文社会科学版),2009,26(4):147–151.

[107] 李晓博 . 叙事探究的"事实"、价值和评价基准 [J]. 中国外语 ,2010,7(5): 85–91,99.

[108] 李茵 , 黄蕴智 . 有经验的教师关于教育专长的集体观念 [J]. 教育研究与实验 ,2006(3):62–68.

[109] 李茵 , 黄蕴智 . 中国教师关于教育专长的内隐理论 [J]. 教育研究与实验 , 2004(2):51–57.

[110] 李长吉 , 沈晓燕 . 农村教师拥有怎样的学科知识——关于农村教师学科知识的调查 [J]. 教师教育研究 ,2015,27(1):27–32.

[111] 李长吉 . 农村教师拥有怎样的教育理论知识——关于农村教师教育理论知识的调查 [J]. 山西大学学报 (哲学社会科学版),2017,40(2):85-89.

[112] 李志峰 , 高慧 . 高校教师发展 : 本体论反思与实践逻辑 [J]. 大学教育科学 ,2013(4):66-71.

[113] 连榕 . 教师教学专长发展的心理历程 [J]. 教育研究 ,2008(2):15-20.

[114] 连榕 . 新手—熟手—专家型教师心理特征的比较 [J]. 心理学报 ,2004(1):44-52.

[115] 连榕 . 专长发展与职业发展视域下的教师心理 [J]. 心理发展与教育 ,2015,31(1):92-99.

[116] 梁迎丽 , 刘陈 . 人工智能教育应用的现状分析、典型特征与发展趋势 [J]. 中国电化教育 , 2018(3):24-30.

[117] 林崇德 , 申继亮 , 辛涛 . 教师素质的构成及其培养途径 [J]. 中国教育学刊 ,1996(4):16-22.

[118] 刘楚 . 雷达图在高职教师知识结构模型建构中的应用 [J]. 职教通讯 ,2015(22):71-75.

[119] 刘桂秋 . 有效教学概念新探 [J]. 课程・教材・教法 ,2008(9):11-15.

[120] 刘国艳 , 曹如军 . 应用型本科教师发展 : 现实困境与求解之道 [J]. 国家教育行政学院学报 ,2009(10):59-63.

[121] 刘洁 . 试析影响教师专业发展的基本因素 [J]. 东北师大学报 ,2004(6):15-22.

[122] 刘猛 . 多维视角下的我国高职教师专业化发展 [J]. 中国高教研究 ,2014(10):45-46.

[123] 刘伟 . 人机智能融合 : 人工智能发展的未来方向 [J]. 学术前沿 , 2017(20):37-38.

[124] 刘晓玲 . 职业技术课程与学科课程融合——美国高中生涯技术教育探析 [J]. 比较教育研究 ,2013,35(2):97-101.

[125] 刘学惠 , 申继亮 . 教师学习的分析维度与研究现状 [J]. 全球教育展望 ,2006,35(8):54-59.

[126] 刘岩芳,于婷.组织内部个体知识整合行为的影响因素研究[J].情报科学,2015,33(8):20-24.

[127] 刘洋洋,何敏学.体育教师TPACK的结构与生成:从知识场到学习共同体[J].沈阳体育学院学报,2018,37(1):113-117,137.

[128] 刘晶晶,和震."双高计划"高职院校深化产教融合的维度及内涵研究[J].教育发展研究,2020,40(17):52-58.

[129] 龙宝新.美国教师能力研究的主要维度与现实走向[J].全球教育展望,2015,44(5):85-96.

[130] 陆洁.注重学生情感因素切实提高课堂教学质量[J].中国高等教育,2010(22):60-61.

[131] 陆勤超,陈群波,袁晓东.教师学科教学知识调查——以S市H区小学语文教师为例[J].教育发展研究,2015,35(10):77-84.

[132] 罗丹.高职教师专业化发展论析[J].江苏高教,2014(5):139-141.

[133] 罗红.对高职"双师型"师资培训问题及路径的探讨[J].职教论坛,2009(32):63-64.

[134] 罗洪云,林向义,巩艳芬.网络环境下高校教师隐性知识共享的影响因素分析[J].情报杂志,2010,29(3):116-119.

[135] 罗生全,周莹华.跨学科共同体提升教师专业发展效能的价值、经验及策略体系[J].湖南师范大学教育科学学报,2020,19(3):73-79.

[136] 斯滕伯格,霍瓦斯,高民,等.专家型教师教学的原型观[J].华东师范大学学报(教育科学版),1997(1):27-38.

[137] 马宁,谢敏漪,马超,等.网络环境下知识图谱协同建构对教师实践性知识的效果研究[J].教师教育研究,2019,31(4):95-102.

[138] 马振峰.新时期高职教师知识结构的构建[J].高教论坛,2014(3):37-39.

[139] 马晓琨,王学东,方红彬.高职教师企业实践经历教学价值的质性考察——基于学科教学知识(PCK)理论[J].职教论坛,2020(11):81-87.

[140] 马超.群体知识观视域下的教师专业社群[J].清华大学教育研究,2012,33(1):81-86.

[141] 博登 . 人工智能、失业与创新 [J]. 中国经济报告，2017(4):115–117.

[142] 孟宪乐 . 研究共同体框架下的农村教师专业化发展 [J]. 教育发展研究，2005(9):46–48.

[143] 欧阳忠明，黄慧 . 工作场所作为学习环境：实现情境、实践与学习的联结——访国际知名工作场所学习专家史蒂芬·比利特教授 [J]. 现代远程教育研究 ,2018(5):3–9,58.

[144] 潘玲诊 . 高职院校教师发展中心的运行机制与功能结构研究 [J]. 高等工程教育研究 , 2014(6):172–178.

[145] 裴淼 , 刘静 , 谭士驰 . 国外教师认知概念演变发展的研究 [J]. 比较教育研究 ,2011,33(8):55–59.

[146] 皮连生 , 吴红耘 . 两种取向的教学论与有效教学研究 [J]. 教育研究 ,2011(5):25–31.

[147] 祁占勇 . 教师教育专业条件性知识的本体性价值及其有效教学 [J]. 国家教育行政学院学报 ,2015(5):49–53.

[148] 钱芳 . 地方性知识与乡村教师专业发展——教育场域的视角 [J]. 教育学术月刊 ,2018(10):98–103.

[149] 全国高职高专教育教师培训联盟 . 高等职业教育师资队伍建设情况报告 [J]. 职业技术教育 , 2010(30):35–36.

[150] 申继亮 , 李琼 . 小学数学教师的教学专长 : 对教师职业知识特点的研究 [J]. 教育研究 ,2001(7):61–65.

[151] 盛迪韵 . 涌现理论视域下的教师知识建构 [J]. 河南师范大学学报 (哲学社会科学版),2010,37(4):249–251.

[152] 石伟平 , 郝天聪 . 从校企合作到产教融合——我国职业教育办学模式改革的思维转向 [J]. 教育发展研究 ,2019,39(1):1–9.

[153] 史利平 . 论师范专业大学生学科知识交融能力及其培养 [J]. 教育研究，2012,33(3):114–118.

[154] 宋秋前 . 有效教学的涵义和特征 [J]. 教育发展研究 ,2007(1A):39–43.

[155] 孙晓宁，储节旺．国内个人知识管理研究述评与展望 [J]. 情报科学，2015,33(2):146–153.

[156] 孙占林．从默会知识看教师专业化发展的瓶颈 [J]. 教育发展研究，2004(Z1):35–37.

[157] 谈向群，姜敏凤．“专业教学论”与高职教师专业化培养 [J]. 江苏高教，2011(3):123–125.

[158] 屠锦红．教学情感研究引论 [J]. 湖南师范大学教育科学学报 ,2014,13(3): 58–62.

[159] 谭支军．智慧学习环境下教师隐性知识转化螺旋模型设计研究——基于具身认知理论的视角 [J]. 中国电化教育 ,2015(10):116–119.

[160] 汤杰英．学科教学知识本质特征的再辨析 [J]. 江苏高教 ,2014(3):83–86.

[161] 唐珂．人工智能未来发展前景 [J]. 人民论坛 ,2018(2):24–25.

[162] 唐松林，刘丹丹．知识的生命意蕴：兼论乡村教师的知识困境 [J]. 教育发展研究 ,2014,33(8):78–84.

[163] 唐振华，池云霞．高职教师反思性实践分层及研修转向 [J]. 中国高教研究 ,2016(12):99–103.

[164] 唐智彬．强化职业教育技术技能积累功能的内涵与意义 [J]. 职教论坛，2016(2):1.

[165] 陶令霞．浅析教师知识来源 [J]. 湖北广播电视大学学报，2008(4):41–42.

[166] 田晶．地方高校转型背景下教师发展的生态体察 [J]. 高教探索 ,2019(1): 124–128.

[167] 涂海云．基于胜任力的高职院校 [J]. 职业技术教育，2010(22):45–46.

[168] 涂三广．英格兰 2014 年职教教师专业标准的框架、内容与特征 [J]. 比较教育研究 ,2015,37(12):102–106.

[169] 万文涛．论专业化教师的知识结构 [J]. 教育研究，2004(9):17–19.

[170] 汪社教，沈固朝．知识生态学研究进展 [J]. 情报理论与实践 ,2007(4): 572–576.

[171] 汪贤泽．论教师的实践性知识 [J]. 全球教育展望 ,2009,38(3):75–80.

[172] 王鑫, 张卫国 . 教育生态学视域下的教师发展研究 [J]. 教育理论与实践, 2015(19):40–43.

[173] 王彩凤 . 高职院校教师科研素质存在问题与对策思考 [J]. 河南师范大学学报 (哲学社会科学版), 2012(1):257–259.

[174] 王会丽 . 职业与学科互动 科学和人文并重——评于良芝的《图书馆学导论》[J]. 图书馆理论与实践 ,2006(2):30–31.

[175] 王稼伟 , 蒋洪平 . 校企合作培养职教师资的调查分析 [J]. 职业技术教育, 2009(32):54–58.

[176] 王健 . 促进教师个人知识共享的学校知识管理策略 [J]. 教育理论与实践, 2005(16):1–3.

[177] 王鉴 . 课堂教学的有效性问题研究 [J]. 宁夏大学学报（人文社会科学版）,2006(1):110–115.

[178] 王凯 . 教师学习的生态转向及其特征 [J]. 教育研究 ,2010,31(11):83–87.

[179] 王丽蓉 . 高职行业英语教学“滞后”之现状、成因及发展对策 [J]. 钦州学院学报 , 2009(4):77–80.

[180] 王牧华 , 李若一. 教师发展的生态视域 : 思维转向与视角转换 [J]. 教师发展研究 , 2018(1):48–56.

[181] 王秦 , 李慧凤 , 赵玮 . 校企协同的技术技能积累机制构建 [J]. 职业技术教育 ,2015(31):7–14.

[182] 王卫军 . 教师信息化教学能力发展策略研究 [J]. 电化教育研究 ,2012, 33(5):103–109.

[183] 王晓东 , 张妍妍 . 高职院校教师实践性知识发展路径探索 [J]. 职教论坛 , 2015(21):77–82

[184] 王佑镁 . 协同学习环境中的知识建构及其社会网络分析 [J]. 现代远距离教育 ,2010(6):28–34.

[185] 王长江 , 胡卫平 . 技术促进教学 : 发展、演进和启示 [J]. 现代教育技术 ,2013, 23(10):15–19,25.

[186] 王中向，黎辉文 . 关于广东省高校师资培训体系建设的思考 [J]. 继续教育研究，2008(9):50–52.

[187] 王竹立 . 论智能时代的人——机合作式学习 [J]. 电化教育研究，2019,40(9):18–25,33.

[188] 王竹立 . 新知识观：重塑面向智能时代的教与学 [J]. 华东师范大学学报（教育科学版），2019(5):38–55.

[189] 魏江，王铜安 . 个体、群组、组织间知识转移影响因素的实证研究 [J]. 科学学研究，2006(1):91–98.

[190] 温希东，卿中全 . 高等职业院校教师专业化发展的策略探讨 [J]. 中国职业技术教育，2010(33):54–57.

[191] 米靖 . 关注教师实践知识：课程改革的新方向 [J]. 未来与发展，2007(8): 58–61,65.

[192] 吴忭，胡梦华，胡艺龄 . 教师信息化专业发展研究主题与热点评述——基于 2000—2017 年国际期刊论文的共词分析 [J]. 开放教育研究，2018,24(1):82–90.

[193] 吴朝宁，楚江亭 . 理性主义、建构主义与教师教学专长研究——基于批评的语境经验主义的探讨 [J]. 国家教育行政学院学报，2020(8):34–41.

[194] 吴鼎福 . 教育生态学刍议 [J]. 南京师大学报，1988(2):33–37.

[195] 吴金昌，刘毅玮 . 高校教师成长中的困惑与反思——兼与中小学教师成长历程比较 [J]. 中国高教研究，2008(9):41–43.

[196] 吴丽 . 美国研究型大学高水平教师成长环境分析及启示 [J]. 中国科技论坛，2020(5):182–188.

[197] 吴强，张卫国 . 大规模群体知识共享氛围形成机理研究——以间接互惠为视角 [J]. 科技进步与对策，2014,31(5):132–136.

[198] 吴婷琳 . 现代职业教育课程体系建构的路径选择 [J]. 江苏高教，2020(5): 119–124.

[199] 王荣生 . 阅读策略与阅读方法 [J]. 中国教育学刊，2020(7):72–77.

[200] 武汉大学国家发展战略研究院智库团队人工智能与职业教育转型研究

课题组 . 人工智能时代职业教育转型的路径选择 [J]. 教育研究 ,2020,41(6):115–124.

[201] 伍超 , 邱均平 , 苏强 . 跨学科教育的三重审视 [J]. 浙江社会科学 ,2020(8):134–139,147,160.

[202] 徐霄红 . 创新校企协同的技术技能积累模式——基于企业大学的对标分析 [J]. 中国高校研究 ,2016(5):97–101.

[203] 肖凤翔 , 唐锡海 . 我国职业教育学科自觉的思考 [J]. 教育研究 ,2013,34(1):113–118.

[204] 谢海波 . 网络教师共同体知识建构研究 [J]. 现代教育技术 ,2011,21(7): 85–88.

[205] 谢海琼 , 王志明 . 袁隆平专业成长路径对高职教师专业发展的启示 [J]. 职教论坛 , 2008(21):21–24.

[206] 熊华军 , 常亚楠 . 教师专业化内涵的质性研究 [J]. 大学教育科学 ,2013(2):60–67.

[207] 徐国庆 . 美国职业教育教师培训内容研究——以俄亥俄州为例 [J]. 外国教育研究 , 2012(6):121–127.

[208] 徐国庆 . 职业教育课程的学科话语与实践话语 [J]. 教育研究 , 2007(1):51–56.

[209] 徐国庆 . 智能化时代职业教育人才培养模式的根本转型 [J]. 教育研究 ,2016(8):16–21.

[210] 徐金雷 , 顾建军 . 从知识到素养 : 教师适应性专长构成及发展——基于对技术教育教师的考察 [J]. 教育发展研究 ,2020,40(12):53–59.

[211] 徐墨客 , 吴文峻 , 周萱 , 等 . 多知识点知识追踪模型与可视化研究 [J]. 电化教育研究 ,2018,39(10):53–59.

[212] 徐绪堪 . 知识组织中知识粒度化表示和规范化研究 [J]. 知识、学习与管理 ,2014(6):101–108.

[213] 徐颖 , 涂艳 . 基于网络知识生态系统的教学模式研究 [J]. 中国大学教学 ,2011(6):30–33.

[214] 许世静，康纳利．叙述探究与教师发展 [J]. 北京大学教育评论，2008(1): 51–69,189.

[215] 许悦婷，刘永灿．大学英语教师形成性评估知识的叙事探究 [J]. 外语教学理论与实践，2008(3):61–67.

[216] 许志强，赵宁．知识进化的要素、形式与规律 [J]. 西昌学院学报 (社会科学版),2006(12):78–80.

[217] 薛君彦，牛晓霞．对高职师资培训的思考 [J]. 中国成人教育，2008(2):47–48.

[218] 闫志明，付加留，朱友良，等．整合人工智能技术的学科教学知识 (AI-TPACK): 内涵、教学实践与未来议题 [J]. 远程教育杂志，2020,38(5):23–34.

[219] 颜奕，杨鲁新．境外教师教学专长观的嬗变：静动态与方向性的视角 [J]. 外国教育研究，2016,43(6):56–67.

[220] 杨保军，黄志斌．基于知识进化视角的技术创新与品牌进化耦合机制研究 [J]. 自然辩证法研究，2014(12):30–36.

[221] 杨承印，罗航慧．中学理科教师实践性知识自我知觉的调查研究——对我国西北某省 155 位中学教师的调查 [J]. 全球教育展望，2012,41(2):48–53.

[222] 杨翠蓉．教学计划过程中教学专长的专家—新手比较研究 [J]. 心理科学，2009, 32(2) :462–465.

[223] 杨德广，焦贺丽．高职院校教育教学有效性研究 [J]. 教育发展研究，2009 (21):47–49.

[224] 杨帆，许庆豫．教师对学校环境的感知与专业发展 [J]. 教育科学，2017 (1):82–92.

[225] 杨建新．高职院校的内涵建设及其推进策略 [J]. 教育研究，2016(3):79–84.

[226] 杨启亮．教师学科专业发展的几个层次 [J]. 教育发展研究，2009,28(Z2): 45–48.

[227] 杨全印，韩亚成．一位老教师实践智慧的叙事探究 [J]. 全球教育展望，2005,34(4):40–45,49.

[228] 杨勇．有效教学与有效学习的方法和路径 [J]. 课程・教材・教法，2014(3): 20–26.

[229] 杨子舟；龚云虹，陈宗富．学校到底教什么：职业知识的知识观探析 [J]. 中国高教研究，2016(7):91-96.

[230] 杨子舟，荀关玉，陈宗富．职业教育的学校知识辨正 [J]. 清华大学教育研究，2017,38(6):106-113.

[231] 姚利民．国外有效教学研究述评 [J]. 外国中小教育，2005(8):23-28.

[232] 叶海智，张旭华，宋新鹏．信息对称环境下教师知识体系的耗散结构特征 [J]. 电化教育研究，2005(2):6-8.

[233] 詹湘东．知识管理的社会生态研究 [J]. 情报理论与实践，2011,34(12):29-33.

[234] 尤玉钿．基于内在生成理念的高职院校隐性知识共享机制研究 [J]. 高教探索，2013(2):109-112.

[235] 于娟，王贱珍，马金平，等．基于学科体系的 OWL 知识表示 [J]. 现代图书情报技术，2006(5):18-21.

[236] 余胜泉．人工智能教师的未来角色 [J]. 开放教育研究，2018(2):27-28.

[237] 余文森．有效教学三大内涵及其意义 [J]. 中国教育学刊，2012(5):42-47.

[238] 余闻婧．论教师专业发展的学科属性建设 [J]. 中国教育学刊，2016(4):70-75,79.

[239] 喻平．教师的认识信念系统及其对教学的影响 [J]. 教师教育研究，2007(4):18-22.

[240] 岳群智，王爱华．教师 TPACK 发展的心理动力分析 [J]. 开放教育研究，2016,22(6):112-118.

[241] 张力跃．从“一枝独秀”到“美美与共”——中职“名师工作室”个案研究 [J]. 教师教育研究，2017(3):69-74.

[242] 张帆．当代专长哲学的兴起和趋势 [J]. 哲学分析，2016(12):113-129.

[243] 张志平，牛西武，胥航军．论高职院校教师的专业知识、能力体系的构建 [J]. 中国职业技术教育，2006(10):34-36.

[244] 张建华．知识管理自学习案例活性测度与学习阈控 [J]. 情报理论与实践，2014(3):25-31.

[245] 张进良，贺相春，赵健．交互与知识生成学习空间(学习空间 V2.0)与学校教育变革——网络学习空间内涵与学校教育发展研究之四[J]. 电化教育研究,2017,38(6):59-64.

[246] 张良. 核心素养的生成：以知识观重建为路径[J]. 教育研究，2019(9): 65-70.

[247] 张璐．再议有效教学[J]. 教育理论与实践,2002(3):48-50.

[248] 张伟萍．高职教师专业化发展的标准构建与实践动向[J]. 中国高教研究，2013(6):99-103.

[249] 张小菊，王祖浩．科学教师学科教学知识的研究[J]. 全球教育展望,2013,42(8):68-79.

[250] 张小菊，王祖浩．学科教学知识的结构化——叙事表征[J]. 外国教育研究，2014(3):50-58.

[251] 张学民，林崇德，申继亮．论教师教学专长的发展与教师教育[J]. 中国教育学刊,2007(5):69-74.

[252] 张学民，申继亮，林崇德．国外教师教学专长发展的评价理论与方法[J]. 外国教育研究,2004(7):54-57.

[253] 张学民，申继亮．国外教师教学专长及发展理论述评[J]. 比较教育研究，2001(3):1-5.

[254] 张学民，申继亮．国外教师职业发展及其促进的理论与实践[J]. 比较教育研究,2003(4):31-36.

[255] 张燕．高职院校师资培训质量提升的困境与反思[J]. 中国职业技术教育，2016(4):88-92.

[256] 张颖之，刘辰艳．教师学科教学知识测评研究的进展与启示[J]. 外国教育研究,2020,47(10):54-65.

[257] 赵志群，赵丹丹，弭晓英．我国职业教育课程改革理论与实践回顾[J]. 教育发展研究,2005(15):76-80.

[258] 赵昌葆，王俊彪，魏生民．工程知识粒度技术及其在工艺设计中的应用[J]. 航空制造技术，2006(8):29-33.

[259] 赵磊磊，何灶．教学信念、技术感知如何影响师范生 TPACK——基于江浙沪七所高等院校的调查研究 [J]. 现代远距离教育，2020(4):43–50.

[260] 赵丽．适应性专长：面向知识社会的教师教学专长反思 [J]. 教育研究与实验，2018(2):35–40.

[261] 赵伶俐．经验结构 · 知识结构 · 认知结构：学习心理学基本概念之再认识 [J]. 西南教育论丛，1988(8):20–25.

[262] 赵明晖，郑燕林．网络环境下教师专业知识发展技术策略研究 [J]. 现代教育技术，2010,20(S1):90, 95–97.

[263] 赵明仁，黄显华．建构主义视野中教师学习解析 [J]. 教育研究，2011,32(2):83–86，109.

[264] 郑颖，盛群力．如何成为一名专家型教师——斯滕伯格论专家型教师的基本特征 [J]. 远程教育杂志，2010,28(6):29–34.

[265] 郑彩国．实践性知识：教师专业化发展的逻辑起点 [J]. 新课程研究：教师教育，2006(1):23–25，28.

[266] 郑卡莉．论英语教学设计中的意义建构 [J]. 教育评论，2006(3):85–87.

[267] 郑腾豪，王凤彬，王璁．管理学科体系的网络分析 [J]. 管理评论，2018,30(10):196–206，237.

[268] 钟启泉．“有效教学”研究的价值 [J]. 教育研究，2007(6):31–36.

[269] 周亚．“浅阅读”概念界定及相关辨析 [J]. 图书馆杂志，2013,32(8):18–22.

[270] 周彬．学科教育专业化：知识基础和行动路径 [J]. 教育研究，2019,40(3): 59–67.

[271] 周国韬．略论教师叙事研究 [J]. 中国教育学刊，2005(12):59–61，73.

[272] 周建平．身体认知视野下的知识教学：理念与策略 [J]. 教育理论与实践，2018,38(7):53–56.

[273] 周静．“工业 4.0”战略对职业教育的挑战及应对 [J]. 教育与职业，2017(2):40–44.

[274] 周淼泉，罗显克．探讨高校教师“教育专长”及其对新课改的影响 [J]. 教育与职业，2007(12):89–90.

[275] 周明星 , 唐林伟 . 职业教育学科论初探 [J]. 教育研究 ,2006(9):66–69.

[276] 周哲民 , 王晓阳 . 高职院校技术技能积累的内涵与特征 [J]. 职业技术教育 , 2017(10):8–12.

[277] 周卫东 . 新建地方本科院校教师转型发展研究 [J]. 江苏高教 ,2018(4):58–62.

[278] 朱瑞博 . 核心技术链、核心产业链及其区域产业跃迁式升级路径 [J]. 经济管理 ,2011,33(4):43–53.

[279] 朱水萍 . 教师伦理的关系维度与价值范畴——基于 89 个访谈文本的质性分析 [J]. 教育科学 ,2014(5):36–41.

[280] 朱旭东 . 论教师专业发展的理论模型建构 [J]. 教育研究 ,2014,35(6):81–90.

[281] 朱园园 . 教师专业知识景观 : 理论基础、内涵与研究进展 [J]. 比较教育学报 , 2020(6):108–119.

[282] 邹斌 , 陈向明 . 教师知识概念的溯源 [J]. 课程 · 教材 · 教法 , 2005(6):85–89.

三、硕博学位论文

[1] 陈凤英 . 双师型教师隐性知识管理研究 [D]. 重庆：西南大学 , 2015.

[2] 林克松 . 工作场学习与专业化革新——职业教育教师专业发展路径探析 [D]. 重庆：西南大学 , 2014.

[3] 刘松林 . 高职课程有效性研究 [D]. 上海：上海师范大学 , 2010.

[4] 聂强 . 跨界与融合 : 基于职业素养教育的高职课程建构研究 [D]. 重庆：西南大学 , 2017.

[5] 宋明江 . 高职院校“双师型”教师教学能力发展研究——基于行动学习理论的视角 [D]. 重庆：西南大学 , 2015.

[6] 宋燕 . 和合学视野下教师合作研修共同体建构的研究 [D]. 重庆：西南大学 , 2011.

[7] 王晶 . 我国高职院校通识教育模式研究 [D]. 武汉：武汉大学 , 2013.

[8] 武正营 . 我国高职院校企业工作背景新教师社会化研究 [D]. 南京: 南京大学 , 2016.

[9] 杨亚平 . 整合性 STEM 教育理念下工程类高职数学教学模式的建构 [D]. 上海：华东师范大学 , 2016.

[10] 张建鲲 . 高等职业教育专业课程群论 [D]. 天津：天津大学 , 2010.

[11] 张夏雨 . 高职院校数学教师核心素养研究 [D]. 南京：南京师范大学 , 2018.

[12] 朱建柳 . 高职院校专业教师职业能力模型建构及其应用 [D]. 上海：华东师范大学 , 2016.

[13] 左彦鹏 . 高职院校“双师型”教师专业素质研究 [D]. 大连：辽宁师范大学 , 2016.

[14] 张超超 . 支持教师实践性知识发展的网络研修模式研究 [D]. 金华：浙江师范大学 , 2015.

[15] 杨柳. 德国“双元制”职教师资培养模式对我国的启示 [D]. 南昌：江西师范大学 , 2008.

四、外文文献

[1] BAKKER A, AKKERMAN S F. A boundary–crossing approach to support students'integration of statistical and work–related knowledge[J]. Educational studies in mathematics, 2014, 86(2):223–237.

[2] BANKS F, BARLEX D, JARVINEN E, et al. DEPTH–developing professional thinking for technology teachers: An international study[J]. International journal of technology and design education, 2004, 14(2): 141–157.

[3] BLIUC A, CASEY G, BACHFISCHER A, et al. Blended learning in vocational education: Teachers’ conceptions of blended learning and their approaches to teaching and design[J]. The Australian educational researcher, 2012, 39(2): 237–257.

[4] BROWN M. The tradies'entrance into teaching: The challenges in designing teacher education for vocational education and training in schools[J]. International journal of training research, 2017, 15(1): 71–84.

[5] BROMME R, TILLEMA H. Fusing experience and theory: The structure of professional knowledge[J] . Learning and instruction, 1995, 5(4): 361–367.

[6] CAFFREY T. Additive manufacturing and 3D printing state of the industry annual world wide progress report[J]. Engineering management research, 2013,2(1): 209–222.

[7] CARELYK M,NEWELL A. The nature of the social agent[J]. Journal of mathematical sociology, 1994, 19(4): 221–262.

[8] ZHU C M , ZHANG X L , WANG K , et al. Urban–rural construction land transition and its coupling relationship with population flow in China's urban agglomeration region[J]. Cities, 2020, 101(5692):102701.

[9] CLANDININ D J, CONNELLY F M. Teachers'professional knowledge landscapes[M]. New York: Teachers College Press, 1995.

[10] CSÍKOS C, KOVÁCS Z, KERESZTY O. Hungarian vocational education teachers' views on their pedagogical knowledge and the information sources suitable for their professional development[J]. Empirical research in vocational education and training, 2018, 10(1)：2.

[11] ZENG C, SONG Y, CAI D W, et al. Exploration on the spatial spillover effect of infrastructure network on urbanization: A case study in Wuhan urban agglomeration[J]. Sustainable cities and society, 2019,47（5）：1–12.

[12] CROKER R, HEIGHAM J. A review of “reclaiming our teaching profession: The power of educators learning in community” [J]. The journal of educational research, 2013, 106(3): 249.

[13] DICKSON M, LADEFOGED S E. Introducing active learning pedagogy into a technical and vocational education and training academy in Kurdistan, Iraq[J]. International review of education, 2017, 63(5): 679–702.

[14] DOWNING J J. Design principles for applied learning: Bringing theory and practice together in an online VET teacher–education degree[J]. International journal of training research, 2017, 15(1): 85–102.

[15] ERAUT M. Perspectives on defining 'The Learning Society' [J]. Journal of education policy, 1997, 12(6): 551–558.

[16] GIBBS H J. Workshops that work[J]. Techniques : connecting education and careers, 2004, 79(6): 46–47.

[17] GUZMÁN E, CONEJO R, GARCÍA–HERVÁS E. An authoring environment for adaptive testing[J]. Educational technology & society, 2005, 8(3): 66–76.

[18] HAIM O, STRAUSS S, RAVID D. Relations between EFL teachers' formal knowledge of grammar and their in–action mental models of children's minds and learning[J]. Teaching and teacher education, 2004, 20(8): 861–880.

[19] HEUSDENS W T, BAKKER A, BAARTMAN L K J, et al. Contextualising vocational knowledge: A theoretical framework and illustrations from culinary education[J]. Vocations and learning, 2016, 9(2): 151–165.

[20] KÖNIG J, PFLANZL B. Is teacher knowledge associated with performance? On the relationship between teachers' general pedagogical knowledge and instructional quality[J]. European journal of teacher education, 2016, 39(4): 419–436.

[21] ERICA SMITH, KEIKO YASUKAWA. What makes a good VET teacher? Views of Australian VET teachers and students[J]. International journal of training research, 2017, 15(1): 23–40.

[22] KORHONEN V. Contextual orientation patterns as describing adults' personal approach to learning in a web–based learning environment[J]. Studies in continuing education, 2004, 26(1): 99–116.

[23] GREENE R R, EPHROSS P H. Human behavior theory and social work practice[M]. New York: Aldine De Gruyter, 1993.

[24] GROSSMAN P L . The making of a teacher: Teacher knowledge and teacher education[M] . New York：Teacher College Press, 1990.

[25] LO J J, LUO F. Prospective elementary teachers' knowledge of fraction division[J]. Journal of mathematics teacher education, 2012, 15(6): 481–500.

[26] MARKOVIĆ S, JOVANOVIĆ N. Learning style as a factor which affects the quality of e–learning[J]. Artificial intelligence review, 2012, 38(4): 303–312.

[27] CONNOR K E. “You choose to care”: Teachers, emotions and professional identity[J]. Teaching and teacher education, 2008, 24(1): 117–126.

[28] HICKS O. Integration of central and departmental development:Reflections from australian universities[J]. International journal for academic development, 1999, 4(1): 43–51.

[29] HIRVONEN MAIJA. From vocational training to open learning environments: Vocational special needs education during change[J]. Journal of research in special educational needs, 2011(2): 141–148.

[30] PETROSINO A J, MARTIN T, SVIHLA V. Editors' notes[J]. New directions for teaching and learning, 2006, 2006(108): 1–4.

[31] KIRK D, MACDONALD D. Teacher voice and ownership of curriculum change[J]. Journal of curriculum studies, 2001(5): 551–567.

[32] PIRTTIMAA R, HIRVONEN M. From special tasks to extensive roles: The changing face of special needs teachers in Finnish vocational further education[J]. Journal of research in special educational needs, 2014, 16(4): 234–242.

[33] ROURKE A J, SNEPVANGERS K. Ecologies of practice in tertiary art and design: A review of two cases[J]. Higher education, skills and work–based learning, 2016, 6(1): 69–85.

[34] SEDDON T, BENNETT D, BENNETT S, et al. Education research Australia: A changing ecology of knowledge and practice[J]. The Australian educational researcher, 2013, 40(4): 433–451.

[35] SMITH S, REESE S. Vital virtual hands–on learning[J]. Techniques connecting education and careers, 2003, 78(6): 35–37.

[36] SUN J, VAN ES E A. An exploratory study of the influence that analyzing

teaching has on preservice teachers' classroom practice[J]. Journal of teacher education, 2015, 66(3): 201–214.

[37] RICHARDS J C, NUNAN D. Second language teacher education[M] . New York: Cambridge University Press, 1998.

[38] TATTERSALL C, MANDERVELD J, VAN DEN BERG B, et al. Self organising wayfinding support for lifelong learners[J]. Education and information technologies, 2005, 10(1): 111–123.

[39] TOWNSEND B K, IGNASH J M. Community college roles in teacher education: Current approaches and future possibilities[J]. New directions for community colleges, 2003(121): 5–16.

[40] SHULMAN L S . Knowledge and teaching: foundations of the new reform[J] . Harvard educational review, 1987, 57(1): 355–356.

[41] Tran L T. Internationalisation of vocational education and training[J]. Journal of studies in international education, 2013, 17(4): 492–507.

[42] TRIPP T R, RICH P J. The influence of video analysis on the process of teacher change[J]. Teaching and teacher education, 2012, 28(5): 728–739.

[43] VAN DEN BOGAART A C M, SCHAAP H, HUMMEL H G K, et al. Combining concept maps and interviews to produce representations of personal professional theories in higher vocational education: Effects of order and vocational domain[J]. Instructional science, 2017, 45(3): 359–376.

[44] VAN SCHAIK M, VAN OERS B, TERWEL J. Learning in the school workplace: Knowledge acquisition and modelling in preparatory vocational secondary education[J]. Journal of vocational education & training, 2010b, 62(2): 163–181.

[45] VERMETTEN Y J, VERMUNT J D, LODEWIJKS H G. Powerful learning environments? How university students differ in their response to instructional measures[J]. Learning and instruction, 2002, 12(3): 263–284.

[46] VESAY J P, GISCHLAR K L. The big 5: Teacher knowledge and skill acquisition in early literacy[J]. Reading horizons, 2013, 52(3): 281.

[47] VIAU-GUAY A, HAMEL C. L'expérimentation de nouveaux modèles d'action pédagogique au sein d'une communauté professionnelle d'apprentissage en formation professionnelle[J]. Canadian journal of education, 2017, 40(3): 123–156.

[48] LI Z, JIANG WG, WANG W J, et al. Exploring spatial-temporal change and gravity center movement of construction land in the Chang-Zhu-Tan urban agglomeration[J]. Journal of geographical sciences, 2019, 29(8): 1363–1380.

[49] ZHAO Z, RAUNER F. Assuring the acquisition of expertise: Apprenticeship in the modern economy[M]. Beijing: Foreign language and research Press , 2011.

五、其他文献

[1] 程荣 , 王金鑫 . 同义词大辞典 [M]. 上海 : 上海辞书出版社 , 2010

[2] 辞海编辑委员会 . 辞海 (缩印本)[M]. 上海 : 上海辞书出版社 , 1979.

[3] 董大年 . 现代汉语分类大词典 [M]. 上海 : 上海辞书出版社 , 2007.

[4] 教育部 , 国家发展改革委 , 财政部 , 等 . 印发《关于在院校实施“学历证书 + 若干职业技能等级证书”制度试点方案》的通知 [EB/OL].（2019-04-04）[2021-03-19] . http: //www. moe. gov. cn/srcsite/A07/s7055/201904/t20190415_378129. html.

[5] 联合国教科文组织 . 反思教育：向“全球共同利益”的理念转变？[M]. 联合国教科文组织总部中文科，译 . 北京：教育科学出版社，2017.

[6] 朗文出版公司 . 朗文当代英语词典 (最新修订版)[M]. 英国 : 世界图书出版公司 , 1993.

[7] 卢之超 . 马克思主义大辞典 [M]. 北京 : 中国和平出版社 , 1993.

[8] 陆雄文 . 管理学大辞典 [M]. 上海 : 上海辞书出版社 , 2013.

[9] 莫衡 . 当代汉语词典 [M]. 上海 : 上海辞书出版社 , 2001.

[10] 王耀南 . 人工智能为教育变革提供新路径 [EB/OL].（2020-08-26）[2021-

07-22]. http://www.edu.cn/xxh/zt/zhjy/202008/t20200826_1917902.shtml.

[11] 夏征农 . 辞海 (上)[M]. 上海 : 上海辞书出版社 , 1999.

[12] 夏征农 . 辞海 (中)[M]. 上海 : 上海辞书出版社 , 1999.

[13] 许慎 , 汤可敬 . 说文解字今释 (上册)[M]. 长沙 : 岳麓书社 , 1997.

[14] 许征帆 . 马克思主义辞典 [M]. 长春 : 吉林大学出版社 , 1987.

[15] 中国大百科全书总编辑委员会《心理学》编辑委员会，中国大百科全书出版社编辑部 . 中国大百科全书 (心理学)[M]. 上海 : 中国大百科全书出版社 , 1991.

[16] 中国大百科全书编委会 . 中国大百科全书 (28)[M]. 北京 : 中国大百科全书出版社 , 2001.

[17] 中国统计局 . 中国统计年鉴 (2014)[M]. 北京 : 中国统计年鉴出版社 , 2014.

[18] 张振 , 张静 . “中国制造 2025”呼唤高职转变教学理念 [N]. 中国教育报 , 2017-06-13（11）.

[19] 马树超 . 行动计划开启高职教育发展新时代 [N]. 中国教育报 , 2015-11-12(9).

[20] 刘瑾 , 陈静 , 王轶辰 , 等 . 让职业教育“叫好又叫座”[N]. 经济日报 ,2019-03-13（12）.

[21] 李明月 . 智能制造来了，“专业”如何应对 [N]. 中国教育报 , 2018-04-17(10).

后 记

本书得以完成并出版，基于三方面的积累：一是博士学习阶段的学术训练与理论知识的积累；二是在高等职业院校工作和管理实践的积累；三是国家级职业教育教师创新团队项目研究的积累。感谢岁月的磨砺、时间的洗礼，感谢促成本书出版的所有人。学问之价值，在善疑，在求真，在创获，同时让人体味到其中的乐趣。正如梁启超在《学问之趣味》中所写："凡人必常常生活于趣味之中，生活才有价值。若哭丧着脸挨过几十年，那么生命便成为沙漠，要来何用？"笔者将不断地在学问中追求价值，发奋前行。让学术装点生活，让生活更有意义。

本书由两位作者合力完成，笔者负责全书内容的设计，并撰写了绪论、第二章、第三章、第四章、第五章、第六章的内容；李贤彬统筹策划本书发行并撰写了第一章内容。本书得以出版，得到了很多人的支持和帮助，特别感谢西南大学博导赵伶俐教授、朱德全教授的精心指导；感谢河北科技工程职业技术大学汽车工程系于万海主任、王文龙副主任的倾力支持；感谢接受调查访问的高职院校教师同人，感谢陶炳全老师、张丹颖老师的大力协助；感谢邢台职业技术学院汽车运用与维修（含新能源专业）国家级职业教育教师教学创新团队的大力支持，感谢李敏老师、温习老师、杨星焕老师的无私奉献。

马晓琨

2021 年 12 月